我国研发投入对经济发展的作用研究

张荣权　著

中国财富出版社

图书在版编目（CIP）数据

我国研发投入对经济发展的作用研究 / 张荣权著．—北京：中国财富出版社，2018.5

ISBN 978-7-5047-6647-2

Ⅰ.①我…　Ⅱ.①张…　Ⅲ.①技术开发—资金投入—影响—中国经济—经济发展—研究　Ⅳ.①F124

中国版本图书馆 CIP 数据核字（2018）第 099850 号

策划编辑	寇俊玲	**责任编辑**	谷秀莉		
责任印制	石　雷　尚立业	**责任校对**	孙丽丽	**责任发行**	王新业

出版发行	中国财富出版社		
社　　址	北京市丰台区南四环西路 188 号 5 区 20 楼	**邮政编码**	100070
电　　话	010-52227588 转 2048/2028（发行部）		010-52227588 转 321（总编室）
	010-68589540（读者服务部）		010-52227588 转 305（质检部）
网　　址	http://www.cfpress.com.cn		
经　　销	新华书店		
印　　刷	北京九州迅驰传媒文化有限公司		
书　　号	ISBN 978-7-5047-6647-2/F·2881		
开　　本	710mm×1000mm　1/16	**版　　次**	2018 年 5 月第 1 版
印　　张	9.5	**印　　次**	2018 年 5 月第 1 次印刷
字　　数	150 千字	**定　　价**	38.00 元

自　序

本书是在我博士学位论文及后续研究基础上完成的。在攻读博士学位期间，我开始关注经济增长和创新这两大主题，在深入了解后感受到了这两大主题研究的魅力。最终，选定研发投入和经济增长的相互关系作为博士学位论文的中心议题。

我的导师侯荣华教授十分支持我的决定。从研究框架到数据处理，他都给予了我细心的指导，提出大量建设性的意见。在研究陷入困顿之时，侯教授给我莫大的鼓励，这是该研究得以完成的重要精神力量。侯教授严谨治学、言传身教，指引着我脚踏实地地从事这项研究，让我慢慢体会到了做学问的快乐。老师的教诲我将永远铭记心中，它是我研究道路上的一盏明灯。

在此还要感谢中央财经大学的王立勇教授。他在计量实证方面给我许多具有针对性的指导。王柯敬教授、杨运杰教授和李涛教授，他们的帮助推动了研究的进展。何毅老师、赵宣凯老师与我的讨论，让我获得研究的灵感。研究过程中还得到了许多老师的帮助，在此不能一一列举，谨向他们表示最诚挚的谢意。

该研究得到了国家特色专业建设项目（批准号：TS11670）、广西高等学校特色专业及课程一体化建设项目（批准号：GXTSZY060）、国家专业综合改革试点建设项目（批准号：ZG0421）以及广西大学博士科研启动项目（DD3230051007）的经费资助。单位领导和同事，阎世平教授、梁运文教授、李红教授等，对我的工作和研究给予关照，在此一并表示感谢。

研究中遇到种种意想不到的困难，需要付出大量的努力，我的家人默默地支持着我。我的妻子——尹凤江女士，支撑起整个家庭，让我能全身心投入研究；我的儿子——元耀，帮助我从研究中的苦闷中走出来。家人的激励使这项研究成果更有意义。

张荣权

2017 年 12 月

前言

自18世纪工业革命以来，人类社会发生的科技革命推动了世界各国生产力的快速发展，尤其是在英、法、美等国，技术进步对经济发展显示出极其强大的推动力。从19世纪的德国设立内部实验室开始，各国政府和企业开展了各种形式的研发活动。特别是随着经济的快速增长，资源的消耗引起了能源瓶颈和环境污染问题，为解决这些问题、寻求可持续发展，各国更加重视研发活动并将更多的资源投入研发活动。同时，许多经济学家从理论上论证技术进步是经济增长的重要源泉，主张加大研发投入。

改革开放以来，我国经济高速增长，取得了令世界瞩目的成就。与此同时，逐渐出现了紧迫的资源和环境约束。传统的高投入、高消耗的经济发展方式带来了许多经济和社会问题，经济发展方式转变成为必然的选择。要想实现经济发展方式转变，无疑要进行科技投入，发挥技术进步对经济增长的作用。我国持续加大研发投入，这一举措是否对经济增长产生了明显的推动作用？这是研究中国经济增长问题的学者所争论的焦点之一。在此背景下，本书主要考察研发投入对我国经济增长、产业结构和地区差距的影响。

本书主体大致分为3个部分：第一部分包括第2、3、4章，对所研究问题的相关文献进行梳理，阐述研究的理论基础，并对研发投入的国外经验进行总结以及对我国研发现状进行分析；第二部分包括第5、6、7章，研究研发投入规模的影响因素，并分析研发投入对经济增长和经济结构的影响；第三部分即第8章，根据前文得出的结论，提出增加研发投入和提高研发经费使用效率的政策建议。具体内容安排如下：

第 1 章，导言。这一章说明本书的研究背景、研究意义并进行文献综述，对重要范畴进行界定，随后对研究的框架、内容和方法进行说明，并明确研究的重点、难点和可能的创新点。

第 2 章，理论基础。书中梳理了马克思主义关于科学技术是第一生产力的论述，对西方经济学逐步将研发纳入经济增长模型的发展脉络进行分析，最后对我国提出的科学发展观和经济新常态进行分析，为本书研究提供理论依据。

第 3 章，研发投入的国外经验。书中对国际社会研发投入总量、强度和结构进行分析，并考察了美国研发的基本经验。分析得出结论：世界各国普遍加大研发投入；在研发活动中，各国大力发挥企业的主体作用；在研发经费支出结构中，基础研究占到一定的比例，这保证了知识创新的来源。而美国通过制定法案和政策，为研发活动创造良好的条件，并通过产学研合作，加快研发成果的转化。这些都为我国研发活动提供了可借鉴的经验。

第 4 章，我国研发现状分析。书中对我国的研发经费及人员增长情况进行了分析，发现我国研发经费投入强度仍有不足，随后从支出用途、省区分布和执行主体等方面分析研发经费支出结构，着重分析了研发经费投入的省区差距，最后重点分析了企业研发经费的使用情况，揭示了高科技产业研发经费投入偏低的问题。

第 5 章，研发投入规模的影响因素分析。书中归纳了我国研发投入规模的重要影响因素，即经济发展水平、产业结构、外商直接投资、政府资金资助等，然后用面板数据验证这些因素对我国研发投入规模的影响。在不同地区的实证中，发现这些因素的作用存在差异，东部地区是经济发展水平、产业结构和外商直接投资起到较大作用，而政府资金资助的作用并不显著；中部地区是经济发展水平、外商直接投资和政府资金资助起作用，外商直接投资的作用并不显著；西部地区这 4 个因素都起作用。由此来看，不同地区应采取相应的措施来提高研发投入规模。

第 6 章，研发投入对经济增长的作用分析。本书先分析研发投入对经济增长的作用机制，随后对我国研发投入总量与经济增长的关系进行了实证检验，最后通过实证分析我国不同地区研发投入与经济增长的关系。实证结果：东部地区，相对于物质资本和劳动力投入，研发投入对经济增长的作用弹性最大；西部地区劳动力对经济增长的作用弹性最大。研发投入作用弹性差异的原因在于不同地区的人力资本、外商直接投资、技术市场、产业结构存在不同。由此可见，东、中、西部地区应充分发挥各自弹性大的因素的作用，特别要指出的是，西部地区为提高研发投入作用弹性，应在以上因素上采取相应的改善措施。

第 7 章，研发投入对经济结构的作用分析。书中先对研发影响经济结构的途径进行分析，随后通过实证重点分析研发投入对产业结构和地区经济差距的影响。分析发现，研发投入确实促进了我国产业结构的升级。

第 8 章，结论与政策建议。本章归纳、总结研究所得出的结论，并对提高我国研发投入和研发经费使用效率提出了政策建议。

本书可能的创新点如下：

第一，国内外学者在考察研发投入对经济发展的作用时，大多关注研发投入对经济增长的推动作用，而较少关注不同地区经济差距收敛或扩大过程中研发投入所产生的影响。本书在研究中国研发投入对经济增长的推动作用的同时，对研发投入在地区经济差距上所产生的影响进行初步探讨。这有利于对研发投入在经济系统中的作用做进一步的综合考察，为以后的相关研究做理论和实证上的铺垫。

第二，本书对不同地区研发投入规模的影响因素进行实证研究，发现这些因素在不同地区表现出差异。

第三，本书运用面板数据对不同地区研发投入对经济增长的作用进行了实证验证，并展开了深入分析，有助于人们进一步认识研发投入是怎样向生产力转化的。

本书也存在如下不足：

第一，本书主要从相关文献推导出影响研发投入规模的主要因素，而国内外其他学者的研究发现影响因素很多，由此可见，本书不可避免地会遗漏一些重要的影响因素。

第二，研发是如何推动技术进步，以及研发投入是如何对经济增长和经济结构产生影响的，本书没能展开较充分的理论分析。

第三，本书的主要研究工作在 2015 年 11 月完成，因为数据收集困难，本书没能把 2014 年后的数据纳入实证分析，这可能会对研究结论的可靠性产生一定影响，是后续研究中需要克服的。

作　者

2018 年 1 月

目 录

图目录

表目录

1 导言

本章一方面说明研究的背景与意义，并对相关文献进行综述，为本书研究提供切入点，另一方面对重要范畴进行界定，讲述研究框架及主要内容，以及创新和不足等。

1.1 研究背景与意义

1.1.1 研究背景

18 世纪 60 年代起源于英国的工业革命发生后，技术创新蓬勃发展，推动了英、法、美等国经济的持续、快速增长。其后，第二次工业革命、第三次科技革命，继续推动着世界范围内生产力的加速发展。马克思在 1848 年写的《共产党宣言》里写道："资产阶级在它的不到一百年的阶级统治中所创造的生产力，比过去一切世代创造的全部生产力还要多，还要大。"① 数据显示，美国 2016 年的人均 GDP 是 1870 年的 16.9 倍。②这些都显示出技术进步对经济产生的强大推动力。技术创新的实现途径也在发生着变化：19 世纪中期以前，技术创新主要是"工匠们"通过试错方式来实现；19 世纪末，德国在煤矿和钢铁等基础产业领域率先建立了内部实验室，从事与企业生产有关的技术研发③。至今，为获得技术进步而进行的创新活动已成为政府和企业

---

① 马克思，恩格斯．共产党宣言［M］．张帆．上海：上海外语教育出版社，2010：41.

② 数据来源：美国商务部经济分析局。

③ 托马斯·K．麦格劳．现代资本主义：三次工业革命中的成功者［M］．赵文书，肖锁章，译．南京：江苏人民出版社，2006：151.

的系统性工作。

在这样的背景下，技术进步被纳入经济增长研究的范畴。索洛（Solow）在新古典经济增长模型中提出经济增长取决于资本积累，而后对模型进行改进，将其中资本和劳动以外的残差部分解释为技术进步带来的贡献。许多学者在后续的研究中将索洛余值称为全要素生产率（TEP），对全要素生产率展开各种实证研究。这些研究使得人们对技术进步在经济增长中的长期作用有越来越深刻的认识。

经济的快速增长给人类社会提供了丰富的物质财富，极大地提高了人们的生活水平，但同时也产生了环境污染问题。从 1952 年伦敦“雾都”劫难到现在全球的二氧化碳排放污染，环境问题成为人类文明持续发展的威胁。经济增长的同时也消耗了大量的能源，资源瓶颈问题愈加凸显。20 世纪 80 年代联合国“可持续发展战略”就是在这样的背景下提出的。许多学者将可持续发展的希望寄托于技术进步，其在降低能源消耗、开发可再生能源上确实发挥了一定作用。因此，加深对技术进步的认识并推动技术进步变得更加紧迫。

在新兴市场经济和发展中国家，技术进步在经济增长中的角色问题一直成为焦点。美国经济学家保罗·克鲁格曼（Paul Krugman）1994 年提出“东亚无奇迹”的断论。他认为在东亚国家和地区的经济快速增长过程中没有看到全要素生产率的明显提高，这些国家和地区经济的增长只不过是依靠劳动和资本投入来实现的。这和以前的发展模式并没有什么区别，所以称不上奇迹。而且他强调这种增长不可持续，因为劳动力、教育和物质资本不能无限增加，甚至于东亚国家很难保持以前的水平，而要素报酬递减规律也会使经济增速变缓①。作为回应，新加坡在科技上加大投入，并加强了对劳动者的教育和培训，取得了很好的效果。

在中国，改革开放后经济高速增长。1978 年我国国内生产总值为 3645.2 亿元，2014 年为 636462.7 亿元。按 1978 年的价格计算，2014 年的我国国内

① KRUGMAN P. The myth of Asia's miracle [J]. Foreign Affairs, 1994, 73 (6): 62 - 78.

生产总值是1978年的28倍[1]。然而，在经济发展进程中日益显现的许多矛盾暴露出传统的经济增长方式所存在的问题。而关于技术进步在中国经济增长中所发挥的作用，学者的观点存在很大的分歧。他们普遍认为人口红利和投资驱动是经济高速增长的重要因素，但当前这两方面的优势正在我国消失，我国人口老龄化趋势显现。在这样的情况下，民工荒和人工成本的提高，致使一些外国投资的制造业企业陆续撤离中国大陆，也让部分国内企业生产陷入困境。从1995年开始，我国就提出了经济发展方式转变的思路，但现实表明，发展方式转变并没有达到预期的目标。2012年与2013年之交出现的中东部雾霾天气，再次给这种依靠投资驱动、高耗能的发展方式敲响了警钟。转变经济发展方式的核心是实现技术进步。因此，如何通过研发投入来发挥技术进步的作用，特别是增强自主创新能力，从而实现经济增长方式的转型，这是人们普遍关心的问题。

此外，在中国经济高速增长的同时，地区经济差距也在扩大。允许一部分人、一部分地区先富裕起来，然后先富带动后富，最终走向共同富裕，这是社会主义发展的战略选择。发展欠发达地区经济，缩小地区经济差距，事关社会稳定和民族团结，这将最终影响到整个国家经济持续和稳定的发展。那么如何实现？这中间离不开技术进步对经济发展所产生的巨大推动力。因此，以中国研发投入和技术进步为对象的研究方兴未艾。

1.1.2 研究意义

本书将研发投入对经济发展的贡献作为研究对象，考察我国研发投入绩效并分析研发投入对经济结构的影响。这些研究具有以下理论和现实意义。

1. 理论意义

(1) 关于研发投入对经济增长作用的认识，最初的研究将其归结为简单的线性关系。最近许多学者意识到从研发投入到经济增长是一个比较曲折的转化过程，这一转化受到许多因素的影响。本书对我国不同地区研发投入的效果进行实证，分析存在的差异及其可能的原因，这有助于推进研

---

① 中经网统计数据库。

发对经济增长影响的研究。

(2) 研发投入会对经济增长产生推动力，也会对经济结构产生一定的影响。本书对产业结构和地区经济差距的分析，可以帮助人们更全面地认识研发投入在经济系统中的作用。

2. 现实意义

(1) 本书对我国研发投入总量、结构以及企业研发活动进行的分析，有助于增进对我国研发的认识，国外的研发经验可以为我国优化研发投入结构、提高研发绩效提供现实依据。

(2) 国内外研究提出，影响研发投入规模的因素很多，不同国家和地区的实际经济条件不同，因此，影响各国或地区研发投入规模的因素也可能不同。本书对国内外相关研究进行总结，提出了我国研发投入规模的重要影响因素，并在实证中进行验证，进一步在地区层面进行实证分析，最终发现了这些因素所产生的不同的影响力。这为不同地区采取有效的政策措施提高研发投入提供了相关依据。

(3) 我国各地区经济状况不同，这也影响到研发投入的绩效发挥。本书通过地区研发结构与经济增长的关系的实证，验证了地区研发投入绩效差异的存在，并在分析中发现人力资本、技术转化、国际贸易和外商直接投资等是很重要的影响因素。这些发现有助于我国西部地区提高研发投入绩效。

1.2 文献综述

1.2.1 国外研究综述

1.2.1.1 技术进步研究的兴起和研发活动的纵深发展

1. 对技术进步在经济增长中的作用的考察

经济增长的源泉是什么，这是经济学界长期关注和讨论的一个论题。在古典经济增长理论中，要素投入得到重视，技术进步的因素却没有纳入模型当中进行研究。例如，威廉·配第 (W. Petty) 就认为土地为财富之母，劳动是财富之父[①]。大卫·李嘉图（D. Ricardo）认为资本家支付工资后，其剩余的净收入形成利润，将用于再生产，形成资本积累，因此，国家财富的增长取决于利润率。

工业革命以来，科学技术得到了长足的进步，对人们的社会生活和经济活动产生了极大的影响。在这种背景下，经济学家对经济发展中科学技术的作用进行了探讨。熊彼特（J. Schumpeter）认为富有远见、敢于创新的企业家采用新生产工艺、生产新产品，使用新材料或革新企业组织架构等创新活动推动了经济的增长。[②] Breshnahan 和 Trajtenberg（1995）提出，在当前的经济发展中，只有获得巨大的技术进步，有能力去生产先进的科技或信息的国家，才能抓住经济增长的最强动力。Grossman 和 Helpman（1994）得出一个评价：科技是生活水平持续上升背后的真实推动力。

索洛（Solow，1956）质疑哈罗德-多马模型关于技术不变的假设，首先建立经济增长的数理模型，将技术对经济产出的贡献包括在所谓的“Solow 残差”之中。随后，索洛（1957）对“Solow 残差”进行实证分析，他认为，1909—1949 年美国人均产出增长率中的 87.5%可归于技术变动的贡献，12.5%归于资本增长的贡献。“Solow 残差”在后续研究中被称之为全要素生产率。丹尼森（E. F. Denison）在索洛模型的基础上对 1927—1973 年的美国经济数据进行测算，得出的结果显示：这时期美国实际 GDP 年均增长 3%，其中资本贡献和劳动贡献分别占 0.5%和 1.5%，而全要素生产率贡献占 1%左右。

但在索洛模型中，经济增长取决于外生的劳动增长率和技术进步率，不能解释长期的经济增长。许多学者对索洛模型进行了更新和拓展，Arrow（1962）的工作比较具有代表性。他认为，资本积累带来了技术进步，即能产生干中学效应，另外，其他经济参与者也会得益于知识的外溢性，这就提高了整个经济的增长率。但在 Arrow（1962）的模型中，经济增长的决定性因

① 威廉·配第．赋税论［M］．邱霞，原磊，译．北京：华夏出版社，2006：91.

② 熊彼特．经济发展理论［M］．孔伟艳，朱攀峰，娄季芳，编译．北京：北京出版社，2008：34－53.

素是外生的人口增长率。Romer（1986）建立了知识溢出模型，用知识的外部性和技术进步的溢出来解释经济增长。许多学者在他们的研究基础上继续推进，逐渐形成了新增长理论，该理论又称之为内生增长理论。这些学者有Lucas、Swan、Samuelson、Tobin、Rebelo、Uzawa等。许多实证研究都围绕着全要素生产率的测量和比较进行。目前全要素生产率的测算方法主要有参数法和非参数法。例如，Easterly和Levine（2001）系统分析126个国家1960—1992年的数据后发现，全要素生产率是决定各国经济增长差异的主要因素。Grossman和Helpman（1994）在他们的研究中提出论断：科技进步是生活水平持久上升背后真实的力量。

20世纪90年代后，面对全要素生产率下降的问题，关于技术进步的研究出现了一个新的方向，即对非中性技术的技术进步展开相关研究。学者在这方面分析了资本体现型技术进步和技能偏向型技术进步。在实证上，由于采用了不变质量价格指数方法，使得测算资本体现型技术进步的贡献变得可行。Greenwood等（1997）的工作就做到了这点。一些学者，如Baltagi和Rich（2005），证明了技能偏向型技术进步的存在。这些研究对技术进步在经济增长中的作用给予了进一步的证明。

2. 研发活动向纵深发展

技术进步主要表现为新产品、新工艺、新材料和新设备的产生。19世纪以前技术创新依靠工匠们的发明，更多地体现为一种兴趣。因此，早期的内生增长模型是将创新者投资知识创造的行为归结为好奇心的驱动。现在，探索新产品、新工艺、新材料和新设备的行为已经被称为系统的研发活动。在研发活动中，新产品、新工艺、新材料和新设备是产出，科技人员和研发经费是投入。在研究中将研发作为有目的的活动引入增长模型的是Romer（1990）。他的研究展示了研发投入与生产力增长及经济增长的关系。随后，Aghion和Howitt（1992），Grossman和Helpman（1994）也做出了许多类似的重要性的工作，他们的模型指出有目的的研发活动带来了技术进步。

实证研究主要从宏观和微观两个层面入手。

宏观层面上，Griffith、Stephen和Van（2000）通过对12个OECD国家

的面板数据进行实证研究，得到结论：研发投入对创新和技术赶超有统计与经济意义上的显著作用。Bilbao - Osorio 和 Rodríguez - Pose（2004）先讨论了欧洲边缘地区私人部门、公共部门和高等教育部门研发投入对创新的影响，然后讨论了创新对经济增长的作用。在该研究中，创新用每百万人口专利申请数来衡量。该研究结果表明：这些地区的研发投入与创新有正相关关系，并且这种联系依赖于当地的社会经济特征，如人力资本、劳动力市场的流动率和就业率、产业结构。这些社会经济特征决定了研发投入转化为创新及从创新转化为经济增长的能力。Griliches（1986）、Hall 和 Mairesse（1995）也做了类似的实证工作。

而在微观层面上，Parisi、Schiantarelli 和 Sembenelli（2006）运用企业数据进行实证，研究了工艺创新和产品创新对生产力的作用。研究结果表明：固定资产投资提高了工艺创新的可能性，而研发投入提高了发明新产品的可能性，这两者都导致了生产力的提高。研究还发现：固定资本对工艺创新的作用受企业研发支出的影响，对其他外来技术吸收能力的提高是研发投入作用于生产力的另一个渠道。

这些研究表明，研发投入是通过技术创新的实现带来企业和整个社会产出的增加的。

1.2.1.2 研发投入规模的影响因素

1. 研发投入与 GDP

Grande 和 Peschke（1999）的研究提出，一个国家或地区的研发投入主要是由其经济实力决定的。Bebczuk（2002）研究指出，专利保护程度和研发投入存在较强的正相关关系。Kanmar 和 Evenson（2003）的研究支持了这一结论。Kanmar 和 Evenson 两位学者采用静态随机效应模型对 32 个国家中影响研发投入的因素进行分析，除上一观点外，他们的研究还提出人力资本与研发经费投入强度之间也存在较强的正相关关系的结论。Ledeman 和 Maloney（2003）对 40 个国家 1960—2000 年的数据进行分析，发现在对一个国家研发投入产生影响的因素当中人均 GDP 是最为关键的，其他与研发经费投入强度存在显著正相关关系的因素还有金融深化程度、政府对专利的保护程度、政府运用资源的能力、研究与开发机构的研究能力及其与企业的合作程度。

Cohen 和 Levin（1989）的实证研究表明：产业结构上的不同可以对研发经费投入强度上约 50%的差异进行解释。Iorweth（2005）对美国和加拿大的研发经费投入强度差异进行分析，研究表明，两国研发经费投入强度差异的 1/4～1/3 可以通过产业结构差异来解释。Griffith 和 Harrison（2003）认为，英、美两国研发经费投入强度的差异几乎都可以用产业部门间的差别来解释。Abramovsky、Harrison 和 Simpson（2004）开展的对英、德两国研发经费投入强度差异的分析也得出了类似的结论。Jaumotte 和 Pain（2005a，2005b）的研究揭示了不同产业间研发经费投入强度的变化规律，即第二产业和第三产业的研发经费投入强度远远高于第一产业。

2. 研发投入与人力资本

经过研究技术进步与人力资本的相互关系、研发投入对自主创新和技术引进的影响，有关学者提出观点：研发投入对人力资本提高起到促进作用。

较早的研究关注于人力资本对经济增长的促进作用。Uzawa（1965）将人力资本引入增长模型，提出教育部门要素边际生产力的不递减抵消了物质生产部门要素边际生产力的递减，从而保证了经济的持续增长。但在 Uzawa 模型中，如果人口或劳动力为负增长，那经济的可持续增长就不能得到保证。Lucas（1988）在此基础上建立相关模型，用人力资本来解释经济增长。在 Lucas（1988）模型中，教育部门边际生产力的递增，成为经济持续增长的动力。Romer（1986）提出，教育部门边际收益的递增也带来了物质和劳动等生产要素边际收益的递增，从而驱动了经济的增长。Stokey（1991）以 Arrow 的“干中学”思想为中心建立了完全竞争条件下的内生增长模型，劳动者通过在生产活动中“干中学”积累生产经验，从而提高产品质量和降低成本，因而“干中学”成为经济增长的驱动力。Becker 和 Murphy（1992）建立了“专业化模型”，他们提出：知识增长提高专业化收益，经济增长是由技术进步和人力资本所决定的。在实证研究上，Benhabib 和 Spiegel（1994）在柯布-道格拉斯生产函数基础上建立计量模型，回归结果显示：人力资本对人均意义上的经济增长具有显著的解释力。

Keller（1996）验证了贸易自由化能推动国家间技术扩散，从而提高有关经济体的最终产出。但最为重要的是，人力资本的积累是技术吸收效果的重要条件，它决定了一个经济体的可持续增长。RICCARDO CRESCENZI（2005）使用25个欧洲国家的截面数据研究欧洲国家创新和经济增长的关系，研究结论：创新是决定各个地区经济增长模式的重要因素，而地域邻近和人力资本两个因素通过决定一个地区的创新系统并与该地区创新活动发生相互作用从而决定了创新活动转化成经济增长的能力。研究还表明：同样的创新措施在各个国家取得的效果并不一样。因此，RICCARDO CRESCENZI提出，对于边缘地区而言，要想取得与核心地区同样的创新能力，必须加大人力资本的投入。

技术进步促进人力资本提高的机理也得到了学者的关注。Katz等人（1992）在研究中提出：应用现代技术的生产活动需要劳动力具备相当的技能水平，劳动力市场对高技能劳动力需求的增加和低技能劳动力需求的减少，导致高技能劳动力就业机会增加和工资水平得到提高，而低技能劳动力就业机会减少且工资水平降低，这是适应市场需要而产生的市场均衡。Helpman等（1999）研究了通用技术（GPT）的推广对教育和培训这两种人力资本投资所产生的作用，结论表明：技术进步会引起对教育和培训投资需求的增加。Blackburn等（2000）对内生增长模型进行扩展，推导研发投入与人力资本形成的关系，他们的研究结论认为，研发投入会推动人力资本积累。

3. 研发投入与技术引进

在考察研发投入对技术创新所产生的作用的同时，一些学者也逐渐形成这样的共识：自主创新并不是一个国家技术进步的唯一途径。一些学者，如Coe和Helpman（1995）、Eaton和Kortum（1999）提出本国研发并不是各个国家技术进步的主要来源，来自外国的技术溢出才是各国技术进步的重要因素。其中，外商直接投资（FDI）成为国家间技术溢出的重要途径。Keller（2002）的实证研究表明，技术引进和在其基础上进行的模仿创新是一国技术进步的重要部分。Forda 和 Rork（2010）运用工具变量法对美国各州 FDI 与专利申请数量进行回归估计，结果表明，这些州的专利申请数量随所在州和相邻州外商直接投资的增加而增加。Barrell 和 Pain（1977）通过 OECD 国家的数据分析表明，FDI 成为技术扩散的重要渠道。Hejazi 和 Safarian（1999）研究讨论了 FDI、贸易对溢出效应的重要影响。

经济落后的国家往往希望通过各种途径来学习发达国家的科学技术，以实现技术的进步，推动经济发展。Grossman 和 Helpman（1990）以及 Coe 和 Helpman（1995）通过实证得出结论：发展中国家通过对发达国家技术的模仿，可以缩小国家间的技术差距。Cassar 和 Nicolini（2008）验证了区域技术溢出对经济增长的作用，证明区域技术溢出效应有利于提高相邻区域创新的成功率，从而推动这些区域经济增长。

技术领先国家与技术落后国家的技术差距越大，技术落后国家的模仿成本就越低，可供学习的知识产品选择集就越多。但是，技术差距大也意味着技术落后国家的科技基础较差、学习吸收能力较弱。Abramovitz（1986）提出"社会能力学说"，他认为只有拥有足够的基础设施和技术水平等条件后，一个国家、企业才能较好地吸收外界的技术成果。研发投入不仅能提高一个企业和社会的创新能力，也有助于提高它们对外来知识和创新的学习与吸收能力。Basant 和 Fikkert（1996）探讨了研发投入、国外技术购买以及国内和国家间溢出效应对生产力的影响。Griffith 等（2003）提出，研发不仅激发创新，也影响到对其他外来发明的吸收能力。

1.2.1.3 关于研发投入在经济增长中的作用

1. 综合看法

在宏观层面上，人们在肯定科技进步对经济增长起推动作用的同时，认为研发投入越大，科技发展越迅速，经济增长速度越快。Trajtenberg（1990）提出，在研发活动中的投入是一个地区培育科技潜力的重要策略，这将带来创新并引发随后的经济增长。研发投入增加了一个国家或地区获得更高科技的可能性，这使它们能取得新的或更优的产品或工艺，从而带来更高的收入和经济增长。Zachariadis（2004）运用 10 个 OECD 国家总体和工业部门的数据进行实证，其研究结果支持了研发经费投入强度对生产力和随后的产出有显著效应的观点[①]，并且表明：增加一个百分点的研发经费投入强度会带来1.66个百分点生产率的提高和0.38个百分点GDP的增长。[②] Bilbao - Osorio和Rodríguez - Pose（2004）对20世纪90年代欧洲国家的数据进行了研究，他们工作的第一步是分析私人部门、公共部门及教育机构的研发投入对创新的影响（用每百万人口的专科申请数来评价），第二步是分析创新对经济增长的作用，最终的研究结论是，边缘地区研发投入和更高层次的教育投入对创新具有确定性的作用，这个作用是否存在和大小如何由当地的社会经济学特征决定，并且这一特征决定了每个地区将研发投入转化为创新能力的大小，甚至决定了创新转化为经济增长的能力。O Mahony和Vecchi（2009）收集美国、英国、法国、德国和日本的公司数据，针对无形资产和生产力的关系进行分析，研究结果支持了研发投入较多的产业具有较高的生产力的观点。

在微观层面，学者对企业及其收益进行研究，得出的结论也支持了研发投入具有重大作用的观点。例如，Griliches（1986）总结1966—1977年美国大约1000个大型制造业企业的研发数据发现，研发能促进企业生产率的提高，基础研究对生产率的贡献超过了其他类型的研发，由私人资金支持的研发比政府资金支持的研发更有效率。

Wakelin（2001）用英国170个企业的数据说明了研发经费投入强度在生产力提高中所发挥的显著的作用，而且企业和部门研发的“年龄”对研发收益率有显著的影响。Guellec和Van（2004）的研究表明，公共部门、私人部门和外国部门的研发对长期生产力增长有显著作用，决定研发活动对生产力的贡献率的因素有吸收能力、基金的属性、政府追求的社会经济目标、研发活动项目的组织形式。Jefferson等（2007）对中国大中型企业的研究表明：研发投入对中国企业的新产品创新、生产力和利润都有显著的促进作用，其中，新产品创新可以说明大约12%的研发活动的回报。

---

① 研发经费投入强度是指研发经费与国内生产总值之比。

② ZACHARIADIS M. R&D - induced Growth in the OECD? [J]. Review of Development Economics，2004，8 (3)：423 - 439.

Roderik 等（2010）在研究中发现，大学与企业的协作作为知识溢出效应的媒介，并不被限制在地区区域内，这使得溢出效应不受距离长短的影响。他们在应用扩展的知识生产方程的基础上建立模型，研究了荷兰各地区大学与企业的协作网络对于知识溢出的效应，最终得出研究结论：大学的知识溢出效应靠大学和企业协作网络来促成。

学者们还关注研发投入在经济增长收敛过程中的作用。关于经济增长的收敛性，一直存在着广泛的争议。根据 Solow 模型的推论，低收入国家和富裕国家最终都会收敛到相同的人均收入水平。Solow 和 Swan（1956）提出了条件收敛说，他们的假设条件是：完全竞争、最大化行为、无外部性、规模收益不变、要素的收益递减及要素投入替代率是正而平滑的。推导出结果：核心地区人均资本的增加最终导致边际生产力的下降，在这种情况下，边缘地区的投资增加便显得有利可图，条件收敛也就会出现。但在 Romer（1986，1990）和 Lucas（1988）提出的理论中，国家的人均收入水平是不会收敛的。其中，Romer（1986，1990）认为技术的传播是没有成本的，因此，新的技术一旦被发现或提出，就会迅速扩散出去，为整个社会所共享。尽管从个体的角度来看技术投入仍然服从资本边际报酬递减规律，但是从社会总的角度来看，当个体增加研发投入时，不但其本身会获得一定的收益，其他社会成员也会获得收益。因此，从整体上衡量，技术投入的社会收益并没有递减，而是规模递增的。

Barro 和 Sala－i－Martin（1995）也指出：发达国家和贫困国家之间的人均收入差距已经持续了几十年甚至上百年，但仍然看不到收敛的迹象。根据 Romer 和 Lucas 的经济增长理论，技术和知识在经济增长中占据着核心地位，技术和知识等具有外部性，对技术和知识的投资会获得递增的规模收益，因此，不同国家的经济增长没有发生收敛是正常的，甚至会出现差距越来越大的现象。欠发达国家要想赶上发达国家，必须要加大研发投入，通过科技创新来获得经济增长的动力。

但许多研究持有相反的观点。Romer、Aghion 和 Howitt 等人的研究提出研发投入与经济增长是单调的线性增长关系的观点，Jones（1995）却指出这与实际情况并不相符，多年来美国的研发人员和经费大量增加，但是经济增长率并没有发生相应程度的增长，由此他提出一个“半内生增长模型”。运用这一模型，他得出结论：对新技术的研发来说，劳动力资源是关键的投入要素，因此，经济增长率不仅取决于研发的投入，更取决于劳动力的增长率。Griliches（1993）认为关于技术进步无尽前沿（Endless Frontier）的假设难以证实，从历史数据来看，在研发上的单位投入的专利数量和人均专利数量趋于下降，投入大量的研发资金来寻找未知技术的成本过高，在经济上并不划算。

2. 研发经费使用效益的地区差异

虽然许多对英、美等发达国家的实证研究认为研发投入确实会带来技术进步和经济增长，但这一点在一些欠发达国家中难以观察到。正如许多学者在研究中指出的，科技在由技术先进国家向技术落后国家转移的过程中存在着一些障碍，因而研发活动需要具备必要的条件。Abramovitz（1986）提出了“社会能力学说”，他认为只有拥有足够的基础设施和技术水平等条件，一个国家、企业在研发活动中才能较好地吸收外界的技术成果。Parente 和 Prescott（1994）发现不同的国家在吸收和消化新技术方面面临着不同的障碍，吸收新技术障碍越大的国家，企业必须要承担的成本便越高，这妨碍了新技术的引进和扩散，造成欠发达国家和发达国家在人均收入上的持久差距，只有消除技术引进中的障碍，才能驱动经济增长。Basu 和 Weil（1998）指出，尽管知识的传播没有成本，但是技术扩散是有成本的，技术并非越新越好，资本劳动比率不同的国家有不同的适宜技术，不适合该国特定资本劳动比率的技术即使引进也难以有效地提高该国的全要素生产率。Acemoglu 和 Zilibotti（2001）进一步指出，发达国家的技术与发展中国家工人的技能不匹配是技术引进没有效果的根源，技术和技能的不匹配引起全要素生产率和工人人均产出的巨大差异，中等科技水平的行业，生产力水平差异最大。T. Kemeny（2010）的研究说明，外商直接投资是否会对东道国的技术升级产生促进作用，取决于东道国经济发展水平的社会经济特征。这些研究解释了尽管不少发展中国家大力引进最新技术，但这些技术对经济增长的影响仍然不明显这一普遍存在的现象。

1.2.2 国内研究综述

保罗·格鲁格曼关于“东亚无奇迹”的论断在国内引起了很大反响。我国技术进步现状如何，我国技术进步的来源是什么以及研发投入在技术进步中是否发挥了重要作用等，这些问题都被许多学者予以关注和研究。

1.2.2.1 技术进步的作用：全要素生产率

国内宏观方面的研究主要侧重于利用我国数据估算全要素生产率和经济增长之间的关系。王小鲁（2000）用生产函数法测算了1953—1999年我国全要素生产率的贡献，得出结果：1953—1978年我国的全要素生产率对经济增长的贡献是－0.17％，1979—1999年则为1.46％。张军和施少华（2003）测算了1953—1998年我国的全要素生产率，发现1953—1978年全要素生产率对产出增长率的贡献是－3.9％，而1978—1998年全要素生产率对产出增长率的贡献为28.9％，可见改革开放前全要素生产率为负，即当时全要素生产率对经济增长起反向作用。郭庆旺和贾俊雪（2005）对1979—2004年我国全要素生产率进行测算，结果表明，这期间我国全要素生产率对产出的平均贡献为9.46％，对全要素生产率进行分解，得出技术进步率对产出的贡献率为10.13％。全要素生产率无法直接观测，不同学者采用不同方法进行测算得到的结果往往差异比较大，但是总体来看，我国经济增长的驱动力主要还是要素投入，技术水平仍有待提高。

在企业层面的研究中，涂正革（2007）利用国家统计局大中型工业企业数据分析了1995—2004年工业增长与技术进步的关系，发现这期间工业平均增长15.5％，全要素生产率增长推动工业增长9.2％，其中，技术进步推动工业增长5.2％，据此他认为技术进步是地区工业增长的主要源泉。袁堂军（2009）则利用上市公司财务报告数据研究上市公司的全要素生产率水平，他发现，上市公司整体全要素生产率呈上升趋势，但存在显著的行业差异，制造业和服务业上升迅速，轻工业和受政策保护的行业上升趋势缓慢，而且我国企业的全要素生产率与日、韩同类型企业相比差距较大。

1.2.2.2 研发投入与 GDP

很多学者关注到经济发展程度对研发投入的影响。江静（2006）提出，较快的经济增长推动了研发经费投入强度的提高，经济发展水平越高的地区对研发投入的人力和物力越多，并且第二、第三产业的研发活动较第一产业多。党文娟等（2008）也研究发现研发经费投入强度与经济发展水平成正相关关系。

在政府科技投入对企业及整个社会研发投入的诱导作用上，国内学者也较早地开展了研究。陈昭峰（2002）考察了发达国家政府在科技发展中的重要作用，认为政府引导科技投入是衡量政府参与新经济、高新技术产业化活动的重要方面，政府必须成为引导科技投入的重要力量，运用各种手段刺激企业的投入需求。陈海波、李建民、赵喜仓（2003）在分析政府引导科技投入的基础上，通过计量分析发现，江苏省政府科技资金投入可以拉动数倍于政府资金的企业资金和社会资金，2000 年地区政府科技资金投入平均每增加 1 万元会带动企业科技投入资金平均增加 9.37 万元，可见政府部门的科技投入对江苏省的研发活动具有重要的推动作用。童光荣、高杰（2004）和赵付民等（2006）的研究也表明政府科技投入对企业研发投入具有诱导作用。

1.2.2.3 研发投入与人力资本

我国人力资本水平与技术水平的联系一直受到学者的关注。林毅夫等（1999，2003）提出，要素禀赋结构的升级带来了技术结构和产业结构的升级，因而技术结构与产业结构是由要素禀赋结构内生决定的。一些发展中国家之所以没能缩小与发达国家经济发展水平的差距，就是采取了错误的赶超型战略，其中，相当部分是技术上脱离了自身国家的要素禀赋状况进行的赶超。我国处于农村劳动力转移阶段，从这一要素禀赋条件来看，我国应当采用劳动密集型的生产技术。

赖明勇等（2002）分析了我国对国外技术的吸收能力，验证了人力资本是影响技术吸收能力至关重要的因素。这一研究分别选取中学生入学率、大学生入学率和政府教育投入作为人力资本的代理指标，实证中发现 FDI 与中学生入学率的交叉项系数远远大于大学生入学率的交叉项系数，研究得出结论：中学教育程度的劳动者比大学教育程度的劳动者能更好地与FDI相结合，从而更有效地吸收国外技术。这给我们启示：在特定经济条件下的技术发展要求有相应的人力资本配备。

同样的，人力资本状况也决定了技术进步的步伐。杨俊、李晓羽和杨尘（2007）对1997—2004年省区外商直接投资（FDI）和研发进行研究，结果表明，我国当前的人力资本存量水平已经达到吸收和模仿外来技术的临界值，但是还未达到自主创新能力的水平。吕忠伟和李峻浩（2008）对1997—2005年省区研发能力进行研究，认为我国各地区还不能够充分吸收研发的国际溢出效应，且区域研发溢出效应不明显。

技术进步对人力资本的促进作用也得到了国内学者实证上的支持。国内学者许华军（2003）以深圳为例，对我国技术进步与人力资本形成之间的关系进行实证研究。在Granger（格兰特）因果分析中，人均FDI代表的技术进步是深圳在校大学生和中学生数量的Granger原因。这说明技术进步是人力资本形成的重要原因。

赵利、姜均武（2011）利用我国1985—2008年的省际数据展开了技术进步和劳动力素质之间关系的实证研究，结果表明：技术进步促进了劳动力人均受教育年数的提高。

1.2.2.4 研发投入与自主创新

李平、颜珲（2008）结合运用DEA的Malmquist指数方法，测度了山东、北京、天津等8省市1990—2005年的全要素生产率和自主创新指数，并给出了一个在开放经济下分析自主创新影响因素的计量模型。其研究结论表明，山东省研发投入不足，这影响到其自主创新能力，制约了其全要素生产率的提高。另外，研究发现，国外研发溢出的3个渠道存在显著差异，人力资本也影响到山东省的自主创新能力。

周亚虹、贺小丹、沈瑶（2012）利用中国近3万家产值在500万元以上的工业企业2005—2007年的面板数据，运用OLS和工具变量法进行估计，得出结论：企业的研发活动能提升其自身的技术水平，从而促使生产率提高，其投入产出弹性会达到5.5%。[①] 研究还发现两个问题：国有企业在研发投入上缺乏积极性，企业经营年限越长越倾向于研发投入。

还有学者进一步分析了不同来源、不同行业的研发投入对自主创新绩效的影响。王然、邓伟根（2011）利用我国高技术产业面板数据，借鉴了柯布—道格拉斯函数形式进行实证，考察了自主创新过程中不同来源的研发投入与不同来源的技术扩散所产生的作用，结果表明：企业资金支持的研发活动产出弹性最大，政府资金支持的次之，而金融机构贷款的最小；国内外技术贸易对自主创新的作用不显著；FDI竞争效应抑制了内资企业的自主创新，研发通过示范效应带来的技术扩散和科技人员流动对内资企业的自主创新产生了激励作用。

赵红、李换云（2011）利用重庆制造业12个行业中2000—2007年的面板数据，评估企业内部研发投入以及FDI研发活动的技术扩散对行业自主创新的影响，实证结果表明：企业自身和FDI研发活动的资本投入与人员投入都对自主创新有显著的促进作用。研究还分析了在不同生产要素密集行业中研发投入对自主创新产生的效果差异，研究结果表明：在资本密集型行业，企业的自主创新能力在提高过程中企业自身资本投入和研发人员投入起重要作用，FDI研发活动影响不大；在劳动密集型行业，企业自主创新能力受到FDI和企业自身研发人员投入的显著影响，而受资本投入的影响不明显。

学者在研究中观察到：企业规模以及科技活动的具体运作模式对自主创新绩效也会产生影响。徐辉、王浣尘、张祥建（2008）以上海浦东新区新兴科技型企业为问卷调查对象，采用因子分析、回归分析等方法对收集到的数据进行实证，验证研发活动中的资金、人员和设备投入对企业的自主技术创新有促进作用。在自主创新过程中，企业规模和盈利能力也起到推动作用。研究还提出，企业研发活动商业化是自主创新的动力之一。

---

① 周亚虹，贺小丹，沈瑶．中国工业企业自主创新的影响因素和产出绩效研究［J］．经济研究，2012（5）：107-119.

1.2.2.5 研发投入与技术引进

许多学者强调国外技术引进在技术进步中的重要作用。金碚（2004）在研究中提出，我国大多数产业技术进步的来源是国外的技术扩散，我国目前技术进步的主要内容是对国外技术溢出效应的吸收。蒋佩晔（2006）在新增长理论分析框架下研究国际贸易带来的技术外溢对经济增长的影响，其研究结论表明：技术进步率与所在地区的经济增长率有显著的相关性，经济的开放性促进了经济的增长。沈坤荣（1999）做了外商直接投资对我国经济增长作用的实证研究，研究中将全要素生产率作为被解释变量，外商直接投资占国内生产总值的比重作为解释变量，检验外商直接投资带来的技术溢出和学习效应，最终实证结果支持了外商直接投资对我国存在技术溢出效应的论点。

研发投入在技术引进和技术吸收能力上的重要作用也为国内学者研究所证明。吴延兵（2008）研究了研发投入、国内外技术引进对生产率的影响，并用研发投入与国内外技术引进的交叉项来考察以研发为基础的技术吸收能力。实证结果中这一交叉项并不显著，由此推出研究结论：我国的自主研发能力较弱，技术吸引能力也较低，因此没能较好地与技术引进相结合，也就没能形成良好的互补来推动生产率的提高。研究还考虑了我国东部、中部、西部三大区域在资源禀赋、地理条件和经济基础等方面的差异，按东部、中部、西部分成3个样本研究，得到的结果也支持了这一结论。

赖明勇等（2002）提出，政府的研发支出提高了国内企业的技术研发能力，从而有利于吸收国外技术。这也就减少了国内企业吸收外来技术的成本。

1.2.2.6 研发投入对经济增长的作用

在通过全要素生产率考察技术进步的路径之外，也有不少国内研究人员直接研究研发与经济增长之间的关系。吕忠伟和袁卫（2006）分析了我国科技财政投入与经济增长之间的关系，发现科技财政投入对经济增长具有显著的正向作用，且其影响具有一定的滞后性。徐冬林和郭云南（2007）也发现，研发投入需要经过数年时间才能影响到经济增长。孙敬水和岳牡鹃（2009）利用1998—2006年全国省区面板数据分析了大中型企业、高校和研究与开发机构的研发投入绩效，发现大中型企业的研发投入对地区经济增长的推动作用最明显，研究与开发机构次之，高校最低。卢方元和靳丹丹（2011）利用2000—2009年全国省区面板数据分析研发投入与地区经济增长之间的关系，发现研发投入对经济增长具有显著的促进作用，其中，研发人员的投入产出弹性大于研发经费的投入产出弹性。

尽管大量研究证实研发投入对地区经济增长具有正面作用，但是王维国和谢兰云（2009）的研究表明，不同研发投入强度的地区的研发投入对经济增长的作用是不一致的，中等投入强度的地区其研发投入对经济增长的促进作用最大，低投入强度的地区其研发投入对经济增长的促进效应几乎没有。

吴延兵（2006）利用2002年中国工业企业普查数据，把中国制造业538个四位数行业当作分析基础，对研发活动和生产率的相互关系展开实证检验。其检验结果支持了研发活动对生产率有显著的正向影响的论点。研究中还控制了市场因素和产权因素，得出相似的结果，证明结论是稳健可靠的。研究还区分为高科技产业和非高科技产业两个样本组，发现高科技产业的研发活动产出弹性大于非高科技产业。

1.2.2.7 研发投入对地区差异的作用

覃成林（2002）对我国2000年的省区研发投入数据进行分析，发现地区之间在研发投入与产出关系上存在较大的差异。陈利华等（2005）分析了我国除西藏外30个省区研发投入的技术进步效应，得到的研究结论是研发投入对技术进步的效应是显著的；不同省区因为自身条件不同，研发投入所带来的技术进步效应也不同，因而技术进步不能仅仅依靠研发投入，还要进行制度改革和资源配置方面的调整。赵海娟和程红莉（2007）对我国1998—2004年的地区数据进行分析，主要考察研发投入对专利受理数和高新技术产业产品出口额的影响，得出结论：从这两项研发产出指标来看，东部地区高于中部地区，而中部地区高于西部地区。吕忠伟、李峻浩（2008）利用我国1997—2005年的地区数据，对研发经费投入强度与技术进步的作用进行研究，研究结论说明：东部地区研发经费投入强度对以TFP衡量的技术进步有正向的促进作用，而在中部和西部地区，研发投入的作用是不显著的。

1.2.3　国内外研究的简单评述

1.2.3.1　取得的进展

从以上的综述来看，对技术进步以及研发投入在经济增长中的作用，学者展开了广泛而深入的研究，其中，在研发投入的作用方面，取得了以下几点进展：

（1）把技术进步引入内生增长模型并在实证上取得了一系列突破，在此基础上探讨了研发投入对经济增长的作用。在研发投入对经济增长起到促进作用这点上，已形成普遍共识，在3个主要方面也取得了研究上的进展：一是企业研发投入产生的内部规模收益递减；二是基于研发投入对外界技术吸收产生的规模收益递增；三是技术扩散带来的整个社会研发投入的规模收益递增。这与现实情况较为符合。目前各国加大研发投入，却未取得预期的重大科技突破，科技进步的步伐似乎在放缓，如何对此进行解释？有学者在这方面展开了积极研究。

（2）研发投入如何影响经济增长？学者们对此进行了探索。许多研究发现：研发投入对自主创新有显著的促进作用；研发能力的提高也促进了技术的引进和吸收；研发投入引起技术进步，从而对人力资本产生诱使作用。

1.2.3.2　研究的热点

同样的研发投入为何取得的绩效不同？现实中出现的这个问题引起了学者们的思考和研究。围绕这一问题形成了以下研究热点：

（1）国内外学者通过实证检验提出，不同性质的部门、不同资金来源的科技活动取得的绩效有较大的差异，如政府资助的研发机构其申请专利数明显低于私人资助的研发机构申请的专利数。但在理论上还未形成较完整的体系对此进行解释。在这方面可以做进一步研究，以获得较深入的认识。

（2）学者通过实证检验，证明不同经济体的要素禀赋、市场经济发育程度和劳动市场上的特性等一些社会经济特征影响到研发投入绩效。

我国区域间的社会、经济条件有很大差异，研发投入取得不同的绩效，如陕西研发投入较大，但其经济增长相比东部省份逊色。这些期望得到更多的解释。

另外，研发投入对技术扩散、技术吸收的作用以及技术吸收与自主创新的关系也得到许多学者的研究。在理论模型中，技术落后国家会实现与技术先进国家技术水平的趋同。这与当前技术差距扩大的现实并不相符。对于技术落后国家如何实现技术赶超，这方面的理论论述不多。对我国来说，这是有较大实践意义的问题。

1.3 重要范畴界定

1.3.1 研发投入

研发投入是指在研究与发展活动中为加快技术进步进行的投入，包括经费投入和人员投入两个方面。《中国科技统计年鉴》对研究与发展（R&D）活动给出的定义是：为增加知识的总量（其中包括增加人类、文化和社会方面的知识），以及运用这些知识去创造新的应用而进行的系统的、创造性的工作。研究与发展活动具有 4 个基本特征：创造性、新颖性、运用科学方法和产生新的知识或创造新的应用。

从活动类型来看，研究与发展活动可以分为基础研究、应用研究和试验发展 3 种活动①。

1.3.2 经济增长

经济增长是指一个国家和地区在一定时期内产出（包括产品和服务）的增加。一般用国内生产总值增长率 g 表示，其计算公式如下：

$$g=\frac{GDP_t}{GDP_0}\times 100\% \tag{1-1}$$

式（1－1）中，GDP_0表示初始年份的国内生产总值，GDP_t表示所考察年份的国内生产总值。

---

① 中国科技统计年鉴：http：//www.sts.org.cn/。

1.3.3 人力资本

人力资本是指劳动者在教育、培训、健康投资后获得并在生产实践过程中积累的知识和技能以及保持的健康水平状态。与生产活动中在物质资料上的投资类似，这种投资能给劳动者带来收益，即工资的提高，因此被称为人力资本。在研究中，技能和健康状况难以量化，所以本书主要以各种受教育程度人口占就业人口的比重为权数进行加权平均后的教育水平作为评价人力资本水平的指标。计算中，受教育阶段分为 4 个时期，分别为小学、初中、高中和大专以上，受教育年限依次设为 6 年、9 年、12 年和 16 年。就业人口的人力资本水平计算公式如下：

$$h=\sum_{i=1}^{4} p_i e_i \tag{1-2}$$

式（1-2）中，h 代表人力资本水平，i 代表小学、初中、高中、大专以上 4 个受教育阶段，p_i、e_i 分别代表这 4 个受教育阶段的就业人口比重和受教育年限。

1.3.4 经济结构

不同学者在研究经济问题时从各自研究的角度出发使用了含义极不相同的经济结构概念。我国学者许涤新在《政治经济学辞典》中将经济结构分为两重含义：一是指主要通过生产资料所有制结构表现的一定社会生产关系的总和，二是指国民经济各个部门、社会再生产各个方面的组成和构造。①

本书主要从社会再生产过程来考察经济结构，侧重于研究三次产业结构和地区结构。其中，三次产业结构是指国民经济中第一、第二、第三产业内部以及各产业部门之间的构成，它反映了不同产业间的技术联系。

1.3.5 产业结构高级化

产业结构高级化是指产业结构系统从低级形态向高级形态的转化。它一

① 许涤新．政治经济学辞典（下）[M]．北京：人民出版社，1981：250.

般遵循产业结构演变规律，产业结构的发展重点由第一产业向第二产业、第三产业逐次转移的过程，由第一、第二、第三产业之间的产值、就业人员等比例变动所反映。产业结构的发展标志着一国经济发展水平的提高。

1.4 研究内容和方法

1.4.1 研究框架

首先，对所研究问题的相关文献进行梳理，阐述研究的理论基础，并对研发的国外经验进行总结；其次，对我国研发的现状进行分析，探讨我国研发经费投入强度需要继续提高的问题，对影响我国研发投入规模的因素以及研发投入对经济增长和结构的影响进行实证分析；最后，根据得出的结论，提出增加研发投入和提高研发经费使用效率的政策建议。本书研究框架如下图所示。

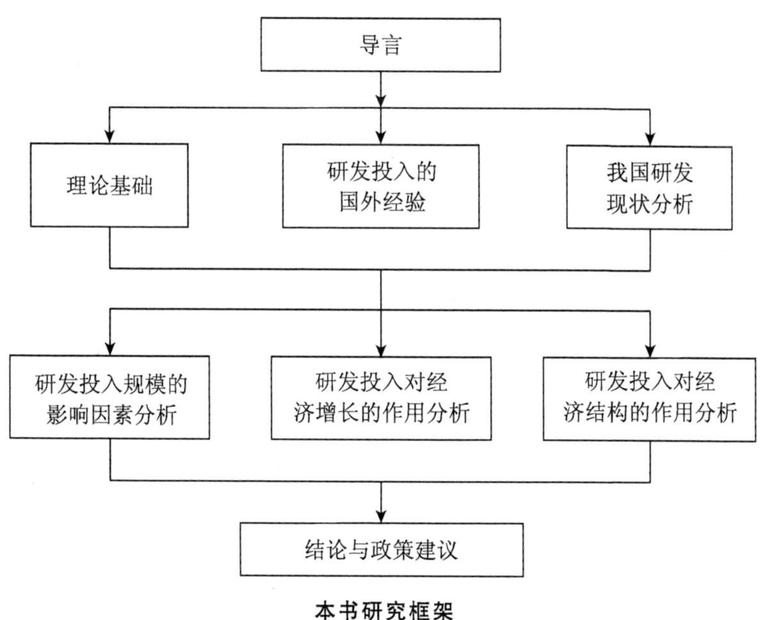

本书研究框架

由研究框架图可知，除导言外，本书大体分为 3 个部分，第一部分梳理和归纳研究的理论基础和研发投入的国外经验以及对我国研发现状进行分析，包括第 2、3、4 章；第二部分研究研发投入规模的影响因素并分析研发投入对经济增长和经济结构的影响，包括第 5、6、7 章；第三部分即第 8 章，归纳前文的结论，并提出相应的政策建议。

1.4.2 主要内容

本书主要包括 8 章内容，各章主要内容如下：

第 1 章说明本书的研究背景、研究意义和文献综述，对重要范畴进行界定，随后对研究的框架、内容和方法进行说明，并明确研究的重点、难点和可能的创新点。

第 2 章梳理了马克思主义关于科学技术是第一生产力的论述，对西方经济学逐步将研发纳入经济增长模型的发展脉络进行分析，最后对我国提出的科学发展观和经济新常态进行分析，为本书研究提供理论依据。

第 3 章对国际社会研发投入总量、强度和结构进行分析，并考察了美国研发的基本经验。分析的结论：世界各国普遍加大研发投入；在研发活动中，各国大力发挥企业的主体作用；在研发经费支出结构中，基础研究占到一定的比例，这保证了知识创新的来源。而美国通过法案和政策的制定，为研发活动创造良好的条件，并通过产学研合作加快研发成果的转化。这些为我国的研发活动提供了可供借鉴的经验。

第 4 章首先对我国研发经费及人员的增长情况进行分析，发现我国研发经费投入强度仍存在不足；其次从支出用途、省区分布和执行主体等方面分析研发经费的支出结构，着重分析了研发经费投入的省区差距；最后重点分析企业研发经费的使用情况，揭示了高科技产业研发投入偏低的问题。

第 5 章归纳我国研发投入规模的重要影响因素，即经济发展水平、产业结构、外商直接投资、政府资金资助等，然后用面板数据验证这些因素对我国研发投入规模的影响作用。在不同地区的实证中，发现这些因素的作用存在差异，东部地区是经济发展水平、产业结构和外商直接投资起较大作用，而政府资金资助的作用并不显著；中部地区是经济发展水平、外商直接投资和政府资金资助起作用，外商直接投资的作用并不显著；西部地区这 4 个因素都起作用。从这里来看，不同地区应采取相应的措施来提高研发投入规模。

第 6 章首先分析研发投入对经济增长的作用机制，其次对我国研发投入总量与经济增长关系进行实证检验，最后通过实证分析我国不同地区研发投入与经济增长的关系。实证结果：东部地区中，相较于物质资本和劳动力投入，研发投入对经济增长的作用弹性最大；西部地区中，劳动力投入的作用弹性最大。造成研发投入弹性差异的原因是不同地区人力资本、外商直接投资、技术市场、产业结构不同。因此，东、中、西部地区应充分发挥各自弹性大的因素的作用，而西部地区应采取相应的改善措施来提高研发投入弹性。

第 7 章先对研发影响经济结构的途径进行分析，随后通过实证重点分析研发投入对产业结构和地区经济差距的影响。分析中发现，研发投入确实促进了我国产业结构的升级。

第 8 章归纳总结研究所得出的结论，并对提高我国研发投入和研发经费使用效率提出政策建议。

1.4.3 重点、难点、创新点和不足

1. 重点

(1) 扩大研发投入规模是较为现实的重大问题。微观层面上，应该把企业研发投入作为研究对象，考察企业性质、经营年限、企业规模、是否上市对企业研发投入的影响；宏观层面上，应研究政府研发资助规模及结构、研发税收政策，并不断提高研发经费使用效率等。

(2) 要研究相同的研发投入对经济增长产生的推动力不同的问题。市场经济发育程度和劳动市场特性等一些社会经济特征产生的影响是重大问题。

(3) 研发投入对经济结构会带来怎样的影响？应该把研发投入对就业和产业结构等方面的影响作为研究重点。

2. 难点

(1) 研发投入对地区经济差距会产生怎样的影响？研究中存在较大难度，

特别是实证分析，是一个艰难的探索过程。

（2）我国的科技统计数据会出现统计口径前后年度不一的情况，统计的延续性较差，这给实证中的数据收集和处理造成一定的困难。因此，在本书实证中所利用的面板数据年份不是很长且个别实证无法使用最新年份数据，这使得实证的结果不可避免地会出现一定的偏差。

3. 创新点

（1）国内外学者在考察研发投入对经济发展的作用时，大多关注研发投入对经济增长的推动作用，而较少关注不同地区经济差距收敛或扩大过程中研发投入所产生的影响。本书在研究中国研发投入对经济增长的推动作用的同时，对研发投入在地区经济差距中所产生的影响进行初步探讨，这有利于综合考察研发投入在经济系统中的作用，为以后的相关研究做理论和实证上的铺垫。

（2）本书对不同地区研发投入规模的影响因素进行实证研究，发现这些因素在不同地区存在差异。

（3）运用面板数据对不同地区研发投入对经济增长的作用进行实证验证，并进行深入分析，以加深对研发投入向生产力转化这一过程的认识。

4. 不足

（1）本书主要从相关文献推导出影响研发投入规模的主要因素，而国内外学者的研究给出的影响因素很多，本书不可避免地会遗漏一些较重要的影响因素。

（2）在研发如何推动技术进步和研发投入如何对经济增长和经济结构产生影响上，本书没能展开较充分的理论分析。

1.4.4 研究方法

1. 比较分析和归纳分析相结合

在国外研发经验和我国研发投入现状分析中，通过纵向对比，得出我国研发投入增长迅速的结论；在与国外的研发投入情况的横向对比中，归纳出我国在研发投入强度、企业和高科技研发投入等方面的不足。

在不同地区研发投入对经济增长的作用分析中，通过比较东、中、西部地区在人力资本、外商直接投资、技术市场、产业结构等方面的差异，归纳得出这些地区研发对经济增长弹性的影响因素。

2. 规范研究与实证研究相结合

在国外研发经验分析中，采用了规范研究方法，从美国的经验中回答了应该怎样做的问题。在检验研发投入对经济增长、经济结构的影响上，采用了面板固定效应回归、工具变量法等实证方法。

3. 文献研究和逻辑推理相结合

梳理国内外相关理论研究和实证研究，用逻辑推理方法推导出研发投入对经济结构的作用机理，为本书研究提供客观依据。

2 理论基础

研发投入实际上是促进技术进步、提高技术水平的投资。其核心理论应该是研究如何加快技术进步，促进经济发展。在这些方面，马克思主义经济学和西方经济学都展开了研究，分别形成了各自的理论并发展下去。本章对这些理论进行简单的分析，为本书的研究提供理论依据。

2.1 马克思主义关于科学技术的思想

马克思通过对经济社会的观察，在前人研究的基础上，敏锐地提出了“科学技术是生产力”的观点。这是马克思主义的基本原理之一。在现代社会，科学技术在经济和社会中发挥着越来越大的作用。邓小平进一步发展马克思主义对科学技术的认识，提出了“科学技术是第一生产力”的论断，用来指导社会主义实践。

2.1.1 马克思主义关于“科学技术是生产力”的思想

马克思和恩格斯通过对资本主义生产发展的研究，尤其是通过对近代工业革命进行重点考察和总结，率先将科学技术纳入生产力的范畴，提出“科学技术是生产力”的科学论点。

第一，“科学技术是生产力”这一观点表明了科学的社会属性，即生产力中也包含科学。在马克思主义观点中，科学技术在知识形态上是一种潜在的社会生产力；当科学进入生产过程，这种潜在的生产力就会立即转化为直接而现实的生产力。马克思说：“大工业把巨大的自然力和自然科学并入生产过程，必然大大提高劳动生产率，这一点是一目了然的。”①

第二，马克思论述科学在生产中的作用及其历史地位。马克思认为“科学是一种在历史上起推动作用、革命的力量”，是“最高意义上的革命力量”。马克思和恩格斯在《共产党宣言》中对科学技术所具备的生产力功能进行了阐述：“资产阶级在它不到一百年的阶级统治中所创造的生产力，比过去一切时代创造的全部生产力还要多、还要大。自然力的征服，机器的采用，化学在工业和农业中的应用，轮船的行驶，铁路的通行，电报的使用，整个大陆的开垦，河川的通航，仿佛用法术从地下呼唤出来的大量人口，——过去哪一个世纪能够料想到有这样的生产力潜伏在社会劳动里呢?”② 在对生产力结构的分析中，马克思指出科学技术是生产力中比较独立的一个因素，它具备推动整个生产力产生巨大发展的潜力。他在《资本论》中提到：劳动生产力是由多种情况决定的，其中包括工人的平均熟练程度，科学的发展水平及其在工艺上的应用程度，生产过程的社会结合方式，生产资料的规模和效能，以及自然条件。③

第三，马克思在深入分析科学与生产力的关系过程中提出科学技术向直接生产力转化的基本途径。生产决定科学技术的产生和发展，并为科学技术提供必要的物质基础；科学技术在生产过程中的运用带来生产方式的变革。马克思进一步指出科学技术向直接生产力转化的 3 条基本途径，即物化、人格化和科学管理。物化的过程也就是科学技术向新的劳动工具和劳动对象转化的过程。而人格化是劳动者在教育和培训过程中科学文化水平和劳动技能加强、得到提升的过程。科学管理是将科学的管理理论作为生产过程中的指导，运用新的管理方法和技术手段，设计合理的生产流程，使得生产各要素的结合更完善的过程。

2.1.2　邓小平“科学技术是第一生产力”的论断

第二次世界大战后发生的第三次科技革命超过了以往科技革命的发展规

---

① 《资本论》第一卷，人民出版社，1975 年版，第 424 页。

② 马克思恩格斯选集（第 1 卷），人民出版社，1995，第 22 页。

③ 《马克思恩格斯全集》第 23 卷，第 53 页。

模、变革速度及影响力，大大促进了世界现代化。几乎所有的科学技术领域在这次科技革命中都发生了深刻的变化。面对这些变化，邓小平提出了提高劳动生产率和发展社会生产必须依靠科学技术的力量，中国要赶上世界先进水平就要从科学和教育入手的论断。在指导社会主义经济建设的实践中，邓小平的科学技术思想逐渐成熟。

1. 提出科学技术是第一生产力

科学技术是第一生产力，是指科学技术是社会生产力的首要因素，是第一位的。这包含了几个内涵：一是主导作用，科学技术可以全面渗透到生产力各要素中，影响到各要素的发展，改变它们的性质。科学技术与劳动者结合，提高了劳动者的技能水平，从而能提高劳动效率和生产出更多的新产品。二是科学技术渗透到劳动工具中，带来了劳动资料的进化，大大提升了劳动生产率，改善了产品质量。三是科学技术渗透到劳动对象中，扩大了劳动对象的用途，扩展了其使用范围，也开发出了一些新的劳动对象。

2. 提出发展科学技术的途径

我们国家国力的强弱、经济发展后劲的大小，越来越取决于劳动者的素质，取决于知识分子的数量和质量。① 科学技术的发展离不开科技人才。邓小平将科技和教育作为重要的国家战略，提出要“尊重知识，尊重人才”②。

专栏一　人类文明发展的六次科技革命

在科学史学界，一般认为科技革命可以细分为科学革命和技术革命。其中，科学革命主要是显著改变人类的思想观念，而技术革命则显著改变了人类的生产和生活方式。

回顾人类文明发展，大致经历了五次科技革命，其中，两次是科学革命，三次是技术革命。具体来看，第一次科技革命大概在16世纪和17世纪，是一次科学革命，代表人物有伽利略、哥白尼等，近代科学由此诞生；第二次

---

① 《邓小平文选》第三卷，人民出版社，1993：120。

② 《邓小平文选（一九七五——一九八二）》，人民出版社，1983：38。

科技革命，是一次技术革命，大概在18世纪中后期，其标志是蒸汽机、纺织机的发明；第三次革命也是一次技术革命，大概在19世纪中后期，其标志是内燃机以及电信行业的出现；第四次科技革命，是在19世纪中后期到20世纪中叶，以进化论、相对论、量子论等为代表，应算是一次科学革命；第五次科技革命，是在20世纪中后期，以电子计算机的发明、信息网络为标志，是一次技术革命。

目前世界正处于新一轮科技革命的“拂晓”，第六次科技革命的方向很有可能在物质科学、生命科学等学科及其交叉领域开辟出新的空间。就科学领域来说，一些重要科学问题的研究孕育着未来的大突破。比如，对物质结构的研究可能使人类走向对原子、分子甚至电子进行调控的时代，这将极大地改变人类对宇宙的认识。就技术领域来说，在现代化强力需求的拉动和科学的支持下，将促进技术革命和产业变革。比如，对大脑思维和信息处理的机理及其数字化模拟和仿真的研究，将可能导致人脑和电脑之间实现信息直接转换，实现人类的“网络化生存”；又如，量子通信将借助绝对安全的加密方式和超高速信息传输的特点，引发一场通信领域的变革等。

对中国来说，由于历史等诸多因素，错失了前四次科技革命，这使我国发展长期落后。第五次科技革命，中国是一个跟踪者，虽然收获很大，使工业化和经济增长呈现出较快的发展态势，但实际上我国是一个没有取得优异成绩的跟踪者。第六次科技革命，涉及科学和技术的深刻变革，为中国科技发展提供了难得的机遇。我国科技工作者应该勇做第六次科技革命的“领头羊”；中国学者的名字应该和第六次科技革命一起载入史册，在新科技革命当中，创造一个新的中国体系。

2.2 西方经济学中研发理论的发展

西方经济学对经济增长讨论的核心问题有以下几个：一是经济能否持续增长；二是经济增长的动力与源泉是什么；三是国家或地区间经济增长的差异是收敛还是发散。随着新的经济现象的出现，经济增长理论一直试图解释这些现象和问题，并由此不断演进，主要形成了古典经济增长理论、新古典经济增长理论和内生经济增长理论，而研发也逐渐纳入经济增长理论。

2.2.1 古典经济增长理论

古典经济增长理论是在工业革命的背景下研究经济增长问题的。工业资本主义的发展需要对其中的运行规律、基本的推动因素和发展结果有科学的解释。1776年，亚当·斯密在《国民财富的性质和原因的研究》(*An Inquiry into the Nature and Causes of the Wealth of Nations*)① 中对经济增长问题给予了论述。在这本著作中，亚当·斯密提出国民财富的增加是由两个因素决定的，一是劳动分工所引起的生产效率的提高，二是劳动力在总人口中的比例。其后，马尔萨斯（Thomas Robert Malthus，1798）提出了“马尔萨斯陷阱理论”，他认为，由于人口数量的几何级数攀升而生活资料算术级数增长，经济增长将会停止②。大卫·李嘉图（David Ricardo）在《政治经济学及赋税原理》（1817）中也提出了经济增长不能持久的理论观点，主要依据是土地、资本、劳动力等这些生产要素的边际报酬递减规律。

在这些古典经济增长理论中，技术进步的作用没有被观察到，要素的积累是经济增长的决定力量，由于规模报酬递减规律，经济增长将趋于停止。从这个观点提出到19世纪末，英、美等国的资本主义经历了上百年的发展，并没有出现经济增长停滞的情况，反而是生产力得到了空前的提高，经济总量不断扩大。因而，人们开始对古典经济增长理论进行反思。

此外，古典经济增长理论主要研究经济的长期运行规律，强调经济自由化运行。20世纪30年代的世界经济危机，使这一思想受到挑战，产生了强调政府干预的凯恩斯主义。1936年，凯恩斯（Keynes）的著作《就业、利息和货币通论》出版。与之前的经济增长理论不同，凯恩斯主义运用静态均衡的分析方法，对短期的经济运行规律进行研究。随后，在凯恩斯经济理论的基础上，产生了动态化的哈罗德-多马（Harrod－Domar）经济增长模型。

---

① 亚当·斯密，《国民财富的性质和原因的研究》，商务印书馆，2008。

② 马尔萨斯，《人口论》，北京大学出版社，2008。

哈罗德-多马经济增长模型提出假设：社会只存在一个生产部门，生产技术不变；生产中的生产要素资本和劳动不能相互替代；规模收益不变。在这些假设条件下，哈罗德-多马经济增长模型得出的结论是：经济长期稳定增长的前提条件是自然增长率、有保证的增长率和实际增长率保持一致。实际上这是难以实现的，因为有保证的增长率和自然增长率的决定因素都是外生的，而不是由经济系统决定的。因此，该模型提出的经济长期稳定增长的观点就像“刀刃一样狭窄”。

2.2.2 新古典经济增长理论

为克服哈罗德-多马经济增长模型的缺陷，索洛（Robert Solow）、斯旺（Trevor Swan）、米德（Meade）和萨缪尔森（Sumelson）等人进一步对经济增长问题展开研究，形成了新古典经济增长理论。新古典经济增长理论的一个共同点是生产中的劳动力与资本的比例是可以在经济系统内进行调节的，从而稳定的经济增长可以得到实现，这样也就避免了“刀刃”式的增长路径，同时，技术进步是经济增长的决定因素。新古典经济增长理论以索洛-斯旺模型最为典型。

索洛-斯旺模型的前提假设是规模报酬不变且投入要素的边际报酬递减，其核心方程是生产函数和资本积累函数。其中，生产函数表达式符合柯布-道格拉斯生产函数形式：

$$Y = F(K, L) = K^{\alpha} L^{1-\alpha} \tag{2-1}$$

其中，$0<\alpha<1$，从该式可以推出规模报酬不变的性质，即资本 K 和劳动力 L 分别增加一倍，则产出 Y 也增加一倍。若式（2-1）只分析一个自变量，并以劳动力人均的形式表述，则得到：

$$y = k^{\alpha} \tag{2-2}$$

式（2-2）中，$y=Y/L$，$k=K/L$。在式（2-2）中可以看到人均资本的增加带来了人均产出的增加，资本积累推动了经济增长。进一步假定人们以一定比例 s 来对收入进行储蓄，并且在整个经济活动中储蓄完全转化为投资；在生产过程中资本发生折旧，折旧率为固定比例 δ。由此，资本积累的方程为：

$$\dot{K}=sY-\delta K \tag{2-3}$$

即资本存量的变化量为储蓄减去折旧。以劳动力人均表示的资本积累函数为：

$$\dot{k}=sf(k)-(n+\delta)k \tag{2-4}$$

为了使长期的经济增长能够实现，必须引入技术进步，这样生产函数就变为：

$$Y=AF(K, L)=A K^{\alpha} L^{1-\alpha} \tag{2-5}$$

式（2-5）中的 A 即技术变量，它以固定的比率增长，即：

$$\frac{\dot{A}}{A}=g \tag{2-6}$$

这样，产出增长速度不再等于人口增长率 n，而是人口增长率 n 再加上技术进步速度 g。资本边际递减带来的经济增长放缓趋势被技术进步所抵消。

在索洛-斯旺模型中，经济可以出现长期的增长，增长的动力是技术进步和人口增长。但是，技术进步和人口增长是外生的，这样在缺少技术进步和人口增长的情况下，经济是无法实现长期增长的。

经济增长的过程也就是资本积累的过程。在规模收益不变的情况下，人均收入只能由资本-劳动比率决定，因而人均收入持续增长的前提条件是资本-劳动比率的不断上升。此外，投资的收益率等于资本的边际收益率。

2.2.3 内生经济增长理论

为了克服索洛-斯旺模型中的技术外生问题，后续研究中产生了内生增长模型。内生经济增长理论认为，新古典经济增长理论关于技术外生和生产规模收益不变的两个假定是不符合现实的。内生经济增长理论中最初发展的是AK 模型，而后较为成熟的是研发内生增长模型。

1. AK 模型

AK 模型的生产函数是：

$$Y=AK \tag{2-7}$$

式（2－7）中，Y 表示产出，A 表示技术水平，K 表示资本。资本的边际收益等于一个正常数 A，因为 A 是一个正常数，所以资本的边际收益不递减。

人均的产出表达为：

$$y = ak \tag{2-8}$$

AK 模型假设储蓄率是一个固定值 s，即用产出的固定比例来进行储蓄，此外，还假设资本按比例 δ 进行折旧，由此得到资本积累方程：

$$\dot{K} = sY - \delta K \tag{2-9}$$

假设技术进步率等于 g，即：

$$\frac{\dot{A}}{A} = g \tag{2-10}$$

假设人口增长率等于 n，即：

$$\frac{\dot{L}}{L} = n \tag{2-11}$$

由上面方程，得：

$$\dot{k} = sf(k) - (n + \delta)k \tag{2-12}$$

也就是：

$$\dot{k} = sAk - (n + \delta)k \tag{2-13}$$

则有：

$$\frac{\dot{k}}{k} = sA - (n + \delta) \tag{2-14}$$

由式（2－8）可以推出产出的增长率等于资本的增长率，即：

$$\frac{\dot{y}}{y} = \frac{\dot{k}}{k} = sA - (n + \delta) \tag{2-15}$$

当 $sA >(n+\delta)$ 时，即使没有技术进步，经济也可以实现持续增长。而如果技术水平 A 不断提高，那么经济的长期增长率会更高。

2. 研发内生增长模型

罗默（Romer）的论文《Endogenous Technological Change》（1990）接

受了索洛-斯旺模型中关于技术进步是经济增长的核心动力的观点，但是修正了索洛-斯旺模型对技术外生的设定，其围绕技术进步如何发生构造出一个研发内生的经济增长模型。

除了技术进步是经济增长的核心这一假设外，书中模型还提出两个假设：一是技术进步主要是厂商追求市场收益的结果；二是知识区别于一般商品，它具有非竞争性和部分排他性。在这两个前提的基础上，罗默将生产部门划分为3个：中间产品部门、最终产品部门和研发部门。研发部门投入人力资本 H 和已有的知识存量 A，生产新的技术，将其申请为专利，然后将专利出售给中间产品部门；中间产品部门利用研发部门生产出来的新技术和最终产品生产生产者耐用品，将其出租给最终产品部门；最终产品部门利用生产者耐用品并投入人力资本和劳动力，然后生产最终产品。最终产品可以作为消费品进行消费或积累起来成为资本。

研发内生增长模型的基本内容：

(1) 研发部门的产出和每一种投入的关系都是线性的，因而有：

$$\dot{A}=\delta H_A A \tag{2-16}$$

式 (2-16) 中，δ 表示生产率，H_A 表示研发部门的人力资本。研发部门面对的市场是垄断竞争的。知识生产厂商在既定的利率下，根据产品的需求曲线来确定价格，这使得产品价格高于生产的边际成本，从而能实现利润的最大化。知识进入生产过程有两个途径：一个是新设计可用于生产生产者耐用品，而生产者耐用品是最终产品的投入要素；另一个是新设计增加了知识存量，从而使得研发部门人力资本的生产力得到提高。

(2) 每一个中间产品厂商都是其产品的唯一供应者，因而面对的需求曲线是向下倾斜的。在给定的人力资本、劳动力和利率下，中间产品厂商根据向下倾斜的需求曲线来确定中间产品价格，以期获得最大化的利润。即：

$$\pi=\max_{x} p(x)x-r\eta x \tag{2-17}$$

式 (2-17) 中，x 表示中间产品数量，$p(x)$ 表示中间产品价格，r 表示市场利率，η 表示投入中间品生产的最终产品数量。潜在竞争者的存在使得每一个中间厂商的垄断利润均为零。

（3）最终产品的生产函数是C－D形式的，即：

$$Y(H_Y, L, x) = H_Y^{\alpha} L^{\beta} \int_i^{\infty} x(i)^{1-\alpha-\beta} di \tag{2-18}$$

式（2－18）中，H_Y、L 分别表示最终产品部门的人力资本和劳动力；α、β 是介于 0 和 1 之间的参数。最终产品厂商通过选择作为生产投入的生产者耐用品的数量来使其利润最大化，即：

$$\max_x \int_0^{\infty} [H_Y^{\alpha} L^{\beta} x(i)^{1-\alpha-\beta} - p(i)x(i)] di \tag{2-19}$$

（4）消费者是市场价格的接受者。消费者的当期效用函数形式为：

$$u(c) = \left(\frac{c^{1-\sigma}}{1-\sigma}\right) (\sigma \in (0, \infty))$$

消费者的最优决策是获取最大的跨期效用，即：

$$\max \int_0^{\infty} u(c(t)) \cdot e^{-(\rho-n)t} dt \tag{2-20}$$

式（2－20）中，c 表示消费者的消费，ρ 表示消费者时间偏好率，t 表示时间，e 为自然常数，n 表示人口增长率。

通过对模型的求解，得到经济的均衡增长率，如下式：

$$g = \frac{\dot{C}}{C} = \frac{\dot{Y}}{Y} = \frac{\dot{K}}{K} = \frac{\dot{A}}{A} = \delta H_A = \delta H - \frac{\alpha}{(1-\alpha-\beta)(\alpha+\beta)} r \tag{2-21}$$

即 A、K、Y 以相同的速率增长。

在模型中，内生的知识存量增加引起了收益递增。其中，在研究部门中，知识生产具有正的外部性，而在中间产品部门中，新知识促使分工深化，这两个效应一起使最终生产出现规模收益递增。同时，人力资本对经济增长来说也是一个重要的因素。总的人力资本存量越大，投入研发活动的部分越多，经济增长就越快。而人力资本的增加带来了产出的增加，并导致知识与资本比率提高，全社会总人力资本中研发部门的人力资本比例增加。一个极端的例子是，如果发展中国家人力资本存量太低，就可能不会出现经济增长。而且，人力资本上的差异也是解释国家间经济差异的一个重要因素。

均衡时的经济增长是社会次优的，因为知识的外部性使研发部门仅能获得知识净收益的一部分，其人力资本不能得到充分补偿，这样研发部门的人力资本投入将会低于最优水平。为解决这一问题，需要政府介入，对人力资本的生产进行补贴。

政府需要实施对知识积累进行补贴的政策，因为补贴会增加新知识生产的收益，从而刺激研发部门的人力资本投入，带来经济增长率的提高。

技术上的创新可以带来产品市场上的垄断利润，因而企业将资源投入研发活动。知识生产的正的外部性使知识增长得以内生化，从而促进经济增长。

此外，因为更大的市场容易诱发研发活动并对人力资本产生积极影响，所以加入世界市场有利于经济的快速增长。研发是拿当前的成本和未来收益进行交换，因此，技术进步的发生对利率的影响是比较敏感的。

2.3 我国对科技在经济发展中的作用的理论创新

我国在建设中国特色社会主义的实践中，吸收先进思想，将马克思主义同当代中国实际和时代特征相结合，实现了理论创新，这突出表现为科学发展观和“经济发展新常态”的论述。

2.3.1 科学发展观

科学发展观是在党的十六大后提出并逐步完善起来的，其提出的背景：和平、发展、合作成为时代潮流，一个国家的经济实力决定了它的国际地位；世界经济一体化快速发展，各国综合国力竞争激烈，只有优化发展才能取胜；各国发展实践证明，发展不仅仅是经济增长，更应该是经济、政治、文化、社会的全面发展，是人与自然的和谐、持续发展。

科学发展观的基本内容：

1. 第一要义是发展

党的十八大报告指出“必须更加自觉地把推动经济社会发展作为深入贯彻科学发展观的第一要义，牢牢扭住经济建设这个中心，坚持聚精会神搞建设，一心一意谋发展”。

2. 核心是以人为本

以人为本的内涵：以实现人的全面发展为目标；从人民群众的根本利益出发谋发展、促发展；不断满足人民群众日益增长的物质文化需要；切实保障人民群众的经济、政治和文化权益；让发展的成果惠及全体人民。

3. 基本要求是全面、协调、可持续

全面发展就是要以经济建设为中心，全面落实经济、政治、文化、社会和生态文明建设五位一体的总体布局。协调发展就是要统筹城乡发展，统筹区域发展，统筹经济社会发展，统筹人与自然和谐发展，统筹国内发展和对外开放，推进生产力和生产关系、经济基础和上层建筑相协调，推进经济、政治、文化建设的各环节、各方面相协调。可持续发展就是促进人与自然的和谐，实现经济发展和人口、资源、环境的相协调，坚持走生产发展、生活富裕、生态良好的文明发展道路。

4. 统筹兼顾是根本方法

统筹改革发展稳定、内政外交国防、治党治国治军各方面工作；统筹城乡发展、区域发展、经济社会发展、人与自然和谐发展、国内发展和对外开放。统筹各方面的利益关系，充分调动各方面的积极性，形成全体人民各尽其能、各得其所而又和谐相处的局面。

2.3.2 “经济发展新常态”的论述

2014 年 5 月，习近平提出了“经济发展新常态”概念。2014 年 12 月，中央经济工作会议认为我国经济发展表现出 4 个特点：从高速增长转向中高速增长；经济发展方式正从规模速度型粗放增长转向质量效率型集约增长；经济结构正从增量扩能为主转向调整存量、做优增量并存的深度调整；经济发展动力正从传统增长点转向新的增长点①。

经济发展新常态包含经济发展方式转变的新表述：由主要靠投资、出口拉动转变为消费、投资、出口协调拉动；主要由第二产业带动转变为依靠第

① 新华网 2014 年 12 月 11 日《中央经济工作会议在京举行》：http：//news. xinhuanet. com/fortune/2014 - 12/11/c _ 1113611795. htm。

一、第二、第三产业协同带动；由主要靠增加物质资源消耗转变为主要依靠科技进步、劳动者素质提高、管理创新。

2.4 理论启示和政策含义

以上理论对研发活动与经济增长的关系做了直接或间接的分析，为本书研究提供了理论框架，也为经济政策的制定提供了理论依据。由以上理论可以得出以下几个结论：

（1）技术进步推动了经济增长，而技术进步是研发活动的必然结果，因此，为了取得经济增长，对研发进行投入极为重要。在我国当前经济发展方式转变的节点上，政府应该积极探索加大研发投入和提高研发投入绩效的方法。

（2）研发是经济系统内生的，它是生产者追求利润最大化的结果，并对经济增长产生推动力，因而政府需要对企业研发活动给予政策和制度上的支持，形成鼓励研发活动的环境。

（3）研发内生增长模型提出知识具有外部性的主张，揭示了私人提供的知识产出低于社会最优，这就需要政府介入研发活动。研发带来的知识积累和技术创新推动了产出的增加和产品质量的提高，为经济增长方式由粗放型向集约型转变提供了条件。

（4）人力资本对于研发活动和技术进步很重要，人力资本过低会导致技术进步难以产生，也就无法对经济增长产生推动力，因此，政府应该加大教育和培训，提高全社会的人力资本，为研发活动提供良好的基础。

（5）科学发展观和经济发展新常态是我国在中国特色社会主义实践中形成的重大理论成果，是我国经济和社会发展的战略方针和政策依据，认真贯彻执行必将迅速解决我国经济社会发展中的各种矛盾，促进经济和社会更好、更快地发展，加快中国特色社会主义的建设，实现中国人民的强国富民之梦。

3 研发投入的国外经验

各国之间经济实力的竞争态势实际上是科技实力竞争的结果。各国对研发的重视程度和投入情况是影响它们科技实力的关键因素。了解各国的研发投入总量、结构及使用方向，有助于改善我国研发投入结构及提高研发经费使用效率。美国是科技实力处于领先地位的国家，了解美国的研发投入情况及相关的政策措施，对我国研发活动具有借鉴意义。

3.1 国际研发投入总量及强度分析

3.1.1 研发投入迅猛增长

在世界经济与发展合作组织（OECD）所公布的主要科技指标（Main Science and Technology Indicators）中①，2000 年按平价购买力计算的 OECD 组织成员的研发经费投入总额是 0.62 万亿美元（现价），2015 年增长到 1.25 万亿美元（现价）。2015 年排在前 10 位的研发活动大国（地区）分别是美国、中国、日本、德国、韩国、法国、英国、俄罗斯、中国台湾和意大利。可以看出，不仅美、日等发达国家大力支持研发活动，而且以俄罗斯和中国为代表的发展中国家②也极为重视研发活动。这一数据库显示，2000—2015

① OECD. Main Science and Technology Indicators［EB/OL］. http：//stats. oecd. org/Index. aspx? DataSetCode=MSTI _ PUB. 2015 - 7 - 10. 这一数据库主要调查了 OECD 组织的 34 个成员国以及非 OECD 的 7 个国家和地区（即阿根廷、中国、罗马尼亚、俄罗斯、新加坡、南非、中国台北等）。

② 本书对国家或地区发展程度的划分参照国际货币基金组织的《世界经济展望》。

年，中国研发投入经费的增长速度最快，远远超过了美国、英国、日本、德国、法国等传统的研发大国，中国的研发经费投入与美国的差距在逐渐缩小，见图 3-1。

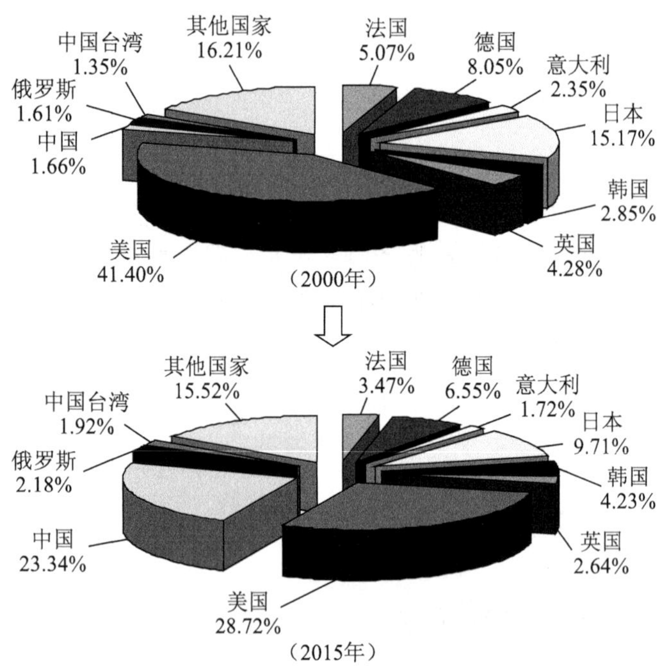

图 3-1 2000—2015 年 OECD 成员国和 7 个非成员国（地区）研发经费投入的比例变化情况

从图 3-1 可以看出，中国在从事研发活动主要国家（地区）的研发经费投入总额中所占比例迅速增加，由 2000 年的 1.66%上升为 2015 年的 23.34%，超越了法国、德国、英国、韩国、日本、意大利。俄罗斯、韩国、中国台湾也表现出良好的增长势头，其研发经费投入占比分别由 2000 年的 1.61%、2.85%、1.35%上升为 2015 年的 2.18%、4.23%、1.92%。美国的占比则由 2000 年的 41.4%下降为 2015 年的 28.72%。由此可以看出，世界研发活动的格局正在发生较大的变化，呈现出多元化的发展趋势。

3.1.2 研发经费投入强度变化

在上述国家（地区）当中，2012 年中国的研发经费投入强度为 1.98%，高于发达国家中的英国（1.73%）、加拿大（1.69%）、挪威（1.65%）、意大利（1.27%），也高于发展中国家的俄罗斯（1.12%）、阿根廷（0.74%）、罗马尼亚（0.49%），排在第 15 位。排在首位的是韩国，其数值为 4.36%。其他排名进入前 10 位的国家（地区）分别是以色列（3.93%）、芬兰（3.55%）、瑞典（3.41%）、日本（3.35%）、中国台湾（3.06%）、丹麦（2.98%）、德国（2.98%）、奥地利（2.84%）、美国（2.79%）等，见图 3-2。而在 2000 年，中国的研发经费投入强度为 0.90%，在上述国家（地区）中处于第 26 位。①

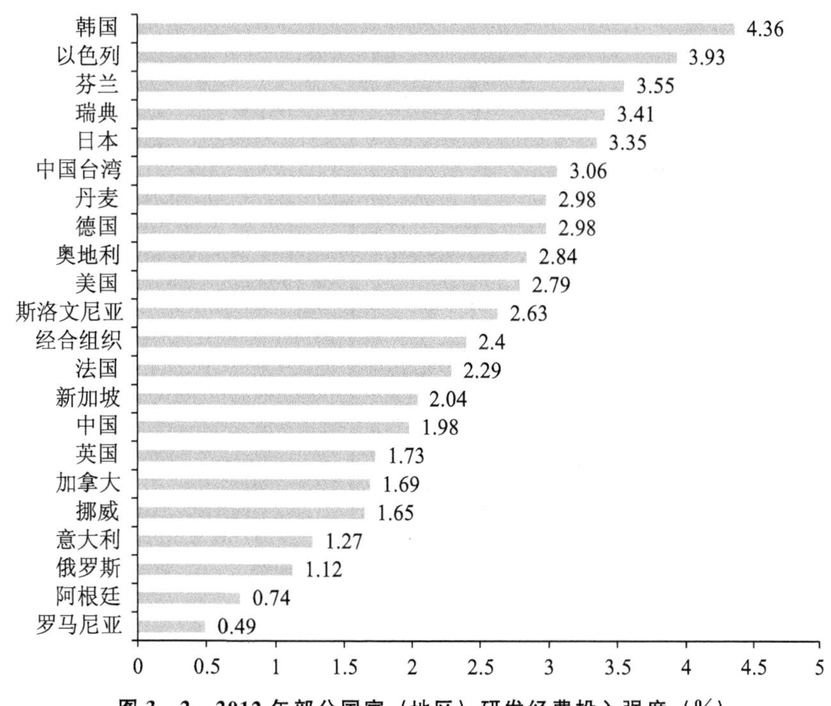

图 3-2 2012 年部分国家（地区）研发经费投入强度（%）

① 在 OECD 所公布的主要科技指标中，2012 年的研发经费投入强度、研发人员人均拥有的研发经费数据较完整，因此，本节采用 2012 年数据进行比较。

从研发人员人均拥有的研发经费来看，2012 年中国仅为 3.5 万美元。① 芬兰、日本、挪威等发达国家的研发人员人均拥有的研发经费都在 10 万～20 万美元，分别为 13.3 万、17.1 万、11.7 万美元，亚洲新兴经济体的新加坡、中国台湾的研发人员人均拥有的研发经费分别为 17.5 万、15.4 万美元，发展中国家的俄罗斯、阿根廷、罗马尼亚研发人员人均拥有的研发经费分别为 10.2 万、6.7 万和 6.4 万美元。② 由图 3－2 和图 3－3 可以看出，中国的研发经费投入强度和研发人员人均拥有的研发经费与韩国、日本、中国台湾、芬兰、新加坡等发达国家或新兴经济体相比有相当大的差距。与挪威、俄罗斯、阿根廷和罗马尼亚相比，中国的研发经费投入强度较大，但研发人员人均拥有的研发经费则有一定的劣势。

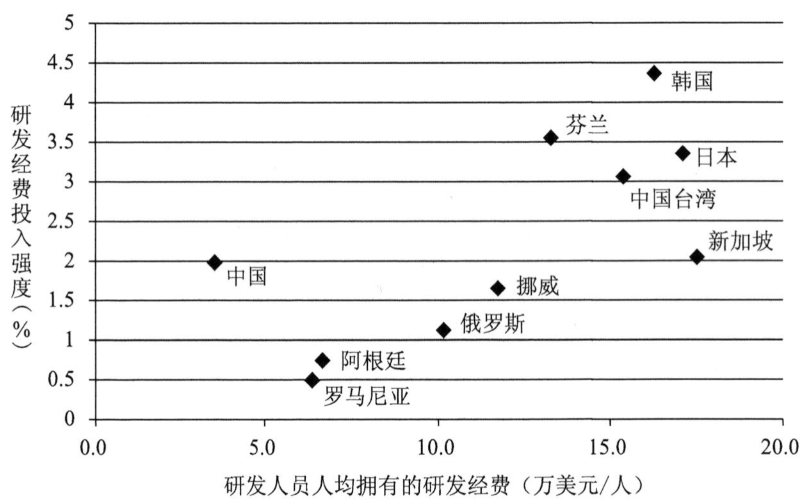

图 3－3　2012 年部分国家（地区）的研发经费投入强度和研发人员人均拥有的研发经费

---

① 中国研发人员人均拥有的研发经费数据采用的是《中国科技统计年鉴》上的研发经费和研发人员数据，并根据中国国家统计局公布的汇价将计价单位由人民币换算为美元。

② 这些国家（地区）研发人员人均拥有的研发经费数据由 OECD 网站公布的研发经费和研发人员数据计算得来。

3.2 国外研发投入的结构分析

3.2.1 研发经费来源构成分析

2015年，日本、中国台湾、中国、韩国、斯洛文尼亚、德国、美国等许多国家或地区企业资金占研发经费来源的一半以上，只有阿根廷、墨西哥、俄罗斯和希腊等国家政府资金占了绝对比重，见图3-4。① 中国研发经费来源中，政府资金的比例在缩小，企业资金的比例在增加。2015年，中国研发经费来源中，企业资金占74.73%，政府资金占21.26%，2002年这两个数值则分别为30.86%和54.97%②，由此可以看出，目前企业资金已成为我国研发经费投入的主体。

3.2.2 研发经费使用方向分析

虽然当前各国对不同性质的研发活动有所侧重，但基础研究一向被视为原始创新的来源，受到美国等创新型国家的重视。基础研究上的突破给人们认识世界和改造世界带来了深刻的影响，它能带来经济和社会生活上的重大改变。然而，我国在基础研究方面投入比重相对较小。从表3-1可以看到，2015年瑞士基础研究占国内生产总值的比重是1.30%、美国是0.48%、日本是0.39%，而一些发展中国家也达到0.2%以上，而我国的这一比重仅为0.10%，远远低于其他国家。基础研究比重过低可能影响到我国创新能力的提高。

---

① OECD. Main Science and Technology Indicators [EB/OL]. http://stats.oecd.org/Index.aspx? DataSetCode=MSTI_PUB. 2015-07-10.

② 数据来源于《中国科技统计年鉴·2016》。

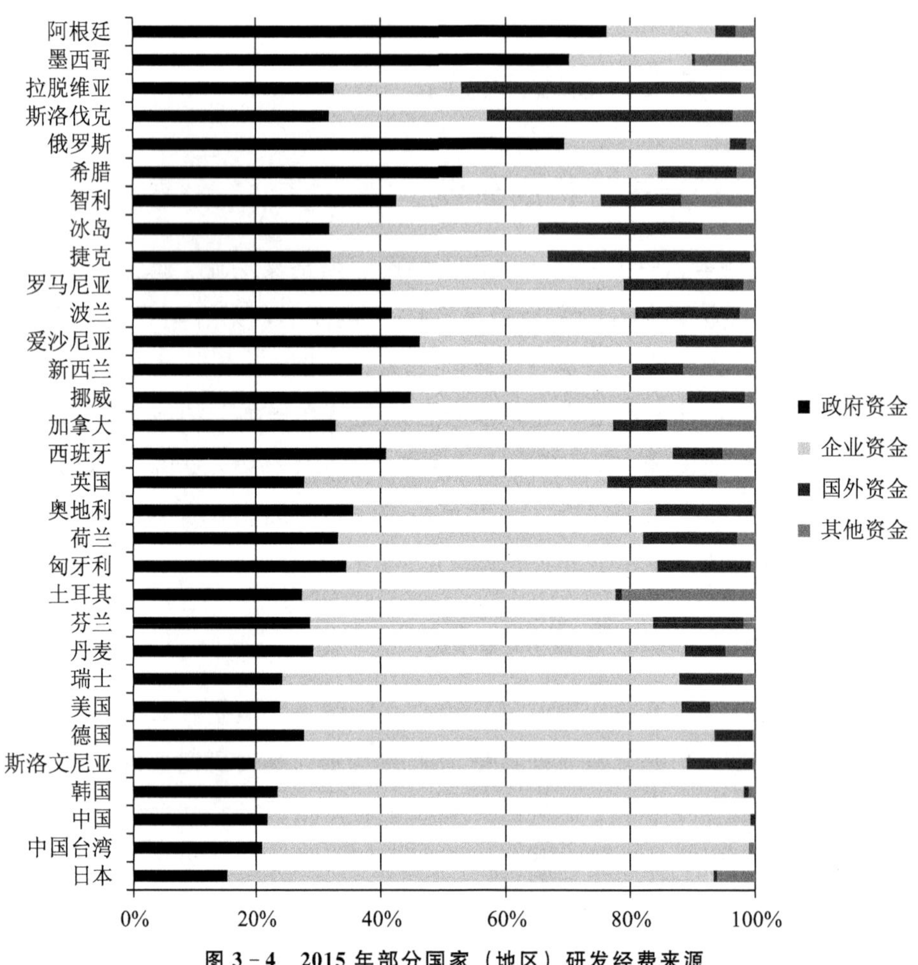

图 3-4 2015 年部分国家（地区）研发经费来源

表 3-1 2015 年部分国家基础研究支出占国内生产总值的比重

国家或地区	基础研究/GDP（%）	国家或地区	基础研究/GDP（%）
瑞士	1.30	西班牙	0.27
韩国	0.73	中国台湾	0.26
捷克	0.62	匈牙利	0.25
美国	0.48	拉脱维亚	0.22
冰岛	0.46	阿根廷	0.22
爱沙尼亚	0.40	俄罗斯	0.16

续 表

国家或地区	基础研究/GDP（%）	国家或地区	基础研究/GDP（%）
日本	0.39	墨西哥	0.15
挪威	0.33	智利	0.13
新西兰	0.31	中国	0.10

数据来源：OECD. Main Science and Technology Indicators [EB/OL]. http://dx.doi.org/10.1787/msti-v2017-1-en。

3.3 美国研发的基本经验

美国是世界上科技实力最强的国家，其研发经费总额居世界首位。本节对美国研发投入、来源和使用结构进行研究，并分析美国为鼓励研发活动而制定的政策和措施等。这些可以为我国较好地组织研发活动、提高研发经费使用效率提供可以借鉴的经验。

3.3.1 研发投入总额、结构及使用

1. 研发经费投入概况

美国为了保持其科技领先优势、增强经济竞争力，其研发投入力度一向较大。近年来，美国研发经费和研发经费投入强度持续增加，见表 3-2。

表 3-2　1995—2013 年美国研发经费情况

年度	研发经费（亿美元）	研发经费投入强度（%）
1995	184.1	2.40
1996	197.8	2.44
1997	212.7	2.47
1998	226.9	2.50
1999	245.5	2.54
2000	269.5	2.62
2001	280.2	2.64

续 表

年度	研发经费（亿美元）	研发经费投入强度（%）
2002	279.9	2.55
2003	293.9	2.55
2004	305.6	2.49
2005	328.1	2.51
2006	353.3	2.55
2007	380.3	2.63
2008	407.2	2.77
2009	406.4	2.82
2010	410.1	2.74
2011	428.7	2.76
2012	436.1	2.70
2013	457.0	2.74

数据来源：《中国科技统计年鉴·2016》。

高额的研发经费投入为美国科技创新提供了雄厚的经费保障，也带来了相应的产出回报。到目前为止，美国研发活动的直接成果——科技论文、专利数量等均位居世界第一。美国的科技竞争力被公认为世界首位，这为美国的经济增长提供了推动力。

2008 年金融危机之后，美国国内经济一度严重下滑，但研发经费投入并没有出现大幅度的削减。美国政府将激发科技创新作为拯救其国内经济的一个重要政策。一个明显的例子是，《美国复苏与再投资法案 2009》从实施开始到 2012 年共给予学术性质的研发活动 7 亿美元的资金支持，即使在法案预算下降的 2012 年，其对学术性质的研发活动的支持资金也出现将近 1%的增长。①

2. 研发活动主体及来源结构

美国的研发活动主体主要有 5 类：第一类是联邦政府的研究机构；第二

① 数据来源于 NSF 网站 Science and Engineering Indicators 2014。

类是联邦政府支持的研发中心（Federally Funded Research and Development Centers，FFRDCs），它由联邦政府资助，但由企业、高等学校和非营利性机构管理；第三类是企业；第四类是高等学校；第五类是非营利性机构。

无论是经费来源还是经费使用，企业都在美国研发活动中占据了主要的角色地位。2011 年，美国的研发经费中，企业使用了 294 亿美元，占 68.3%，企业提供了 267 亿美元，占 63%。① 即使是 2008 年金融危机后，企业提供和使用的研发经费仍占美国研发经费的最大比重。

美国政府在研发活动中注意发挥引导作用。一开始，政府研发投入是经费来源中比重最大的，例如，1953 年，来源于美国联邦政府的研发经费占整个国家研发经费的 53.9%，美国政府通过资金支持和政策支持带动企业和社会的研发投入，慢慢地，企业逐渐成为美国研发经费投入和使用的重要主体，到 2011 年，来源于联邦政府的研发经费比重下降到 29.6%，而来源于企业的研发经费占到整个国家研发经费的 63%，见图 3－5，以企业为执行部门的研发经费更是占到整个国家研发经费的 68.3%。②

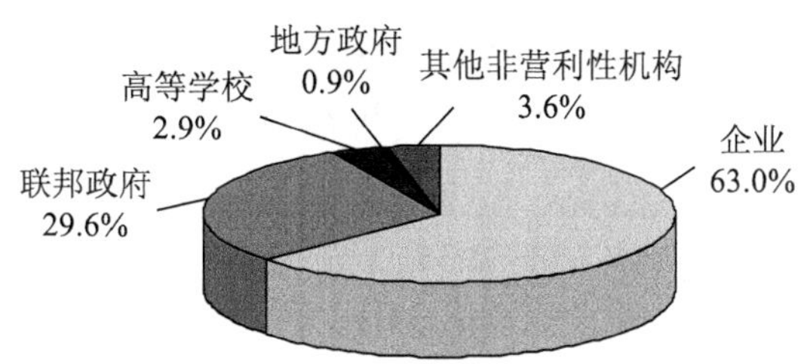

图 3－5　2011 年美国研发经费来源

3. 研发经费使用方向

美国在研发经费使用方向上，试验发展占的比重最大，其次是应用研究，最后是基础研究，2011 年这 3 个比重分别是 62.9%、19.4%和 17.7%。③

值得注意的是，美国为了保持其在世界上的经济和科技领先地位，十分

① 数据来源于 NSF 网站 Science and Engineering Indicators 2014。

② 同上。

③ 同上。

注重基础研究。其中，为基础研究提供最大经费来源的是联邦政府。2011年，美国联邦政府投入的研发经费占整个美国基础研究经费来源的 54.6%。企业投入的经费占第二位，比重为 20.1%；其余分别是非营利性机构、高等学校和地方政府，它们的比重分别是 11.7%、10.4%和 3.2%。①

基础研究的执行中，高等学校承担了一半以上的任务，企业、其他非营利性机构、联邦政府的研发机构与 FFRDCs 也承担一定比例的任务。2011年，高等学校使用了整个国家基础研究经费的 54.6%，企业使用了 17.4%，联邦政府的研发机构和 FFRDCs 使用了 15.3%，其他非营利性机构使用了 12.7%。②

美国企业的研发经费使用中，有 4.4%投入到基础研究上，16%投入到应用研究上，79.5%投入到试验与发展上。③

从这里可以看到一个明显的特点，即企业在基础研究的经费来源和经费使用中都占有相当比重。

3.3.2 研发管理体制及政策

为鼓励研发活动、促进科技成果向生产力转化，美国构建了统一的管理体制，并专门制定了一系列法案，它仍在实施过程中不断完善。这些法案主要在专利保护、研发税收减免、研发成果转移和商业化等方面激发了社会参与研发活动的积极性。

1. 管理体制

美国有 3 个部门来统筹与协调研发活动：白宫的科技政策办公室、国家科技委员会和总统科技顾问委员会。另外，在联邦政府中，还有国家科学基金会、国防部、商务部、能源部、农业部和国家航空航天局等近 30 个部门负责研发经费的管理。这些部门所负责的研发经费占联邦政府总体研发经费的 96%。④

---

① 数据来源于 NSF 网站 Science and Engineering Indicators 2014。

② 同上。

③ 同上。

④ http://cordis.europa.eu/erawatch/docs/image/US_Structure_Flowchart.gif。

作为立法机构的参议院和众议院，都设有专门的委员会来负责科技事务。这些委员会在航空航天、能源与环境、科学与运输等不同领域负责相关主题和信息的讨论及审议。

2. 专利保护

早在1790年美国就颁布实施了第一部专利法，在随后的历史变革中，美国通过各种法案对专利制度进行改革创新，使其不断完善。在实践中，这些专利制度表现出了很好的灵活性和有效性，形成了对创新成果的良好保护，从而对研发活动起到了巨大的推动作用。

在政府资助的研发活动中，最初所取得成果的知识产权归政府所有，但在实践中，这种制度安排表现出相对低的效率，不利于提高参与到活动中的企业的创新积极性，形成的创新成果也不能高效地转化为产品，因此，美国1980年通过的《大学和小企业专利程序法案》（*University and Small Business Patent Procedures Act of* 1980）明确承担政府资助的研发活动方，即大学、非营利性机构和小企业，自动保留研发活动成果的知识产权，并要求这些组织必须申请专利及进行技术的商业化。这一法案的实施取得了良好的效果，调动了研发活动参与者的积极性。

3. 企业研发投入的税收优惠

1981年，里根政府通过的《经济复兴税收法案》（*Economic Recovery Tax Act of* 1981），对企业研发进行税收减免。该法案规定：对企业研发过去3年的有效投入进行平均，将其作为研发投入的基准值，在纳税年度若企业对研发的有效投入超出了基准值，则超出部分税收可减免25%。

《经济复兴税收法案》到期后，1986年美国政府又通过《税收改革法案》（*Tax Reform Act of* 1986），对企业研发税收减免政策进行延长，随后出台的一系列法案则对这项税收减免政策进行了修订和完善。

4. 研发成果转移和商业化

（1）美国政府除了积极给予研发活动资金支持和参与基础研究领域的研发活动外，还积极通过法案推动政府研发成果的扩散和商业化。

专栏二　美国联邦政府促进技术转移和商业化的主要法案

（1）“1980 年技术创新法案”，又称“史蒂文森法案”（Technology Innovation Act of 1980，or Stevenson – Wydler Act），主要内容：在联邦研究机构内设立研究与技术转移办公室（ORTA），从事技术转移工作，即将自身拥有或产生的技术向非联邦机构转移。

（2）“1980 年大学和小企业专利程序法案”，又称“拜杜法案”（University and Small Business Patent Procedures Act of 1980，or Bayh – Dole Act），主要内容：允许小企业、高等学校和非营利性机构获得由联邦基金产生的发明，也允许政府所有和经营的实验室授予商业性组织独占的发明专利权。

（3）“1984 年专利和商标明确法案”（Patent and Trademark Clarification Act of 1984），主要内容：对“史蒂文森法案”和“拜杜法案”进行修订，完善专利和许可证的使用来实施技术转移。

（4）“1986 年联邦技术转移法案”（Federal Technology Transfer Act of 1986），主要内容：促进联邦实验室与外部伙伴的合作，达成研究与开发合作协议（CRADA 项目），并协商实现联邦实验室的发明专利许可。

（5）“1989 年国家竞争力技术转移法案”（National Competitiveness Technology Transfer Act of 1989），主要内容：对“1986 年联邦技术转移法案”进行修订，将 CRADA 项目范围扩大到政府所有和承包经营的联邦实验室，并且增加保密条款。

（6）“2000 年技术转让商业化法案”（Technology Transfer Commercialization Act of 2000），主要内容：扩大 CRADA 项目的许可授权，让这些项目更好地吸引私人企业参与，并促进联邦技术转移，对联邦实验室与合作机构之间的技术转移绩效进行报告。

（7）“加速技术转移和联邦研究商业化的总统备忘录”（Presidential Memorandum，Accelerating Technology Transfer and Commercialization of Federal Research in Support of High – Growth Businesses），主要内容：指导

联邦部门和机构的各种行为，设立目标和衡量绩效，对行政管理流程化，促进地方和区域的合作伙伴关系；加速技术转移和支持私人企业内的技术商业化活动。

以“史蒂文森法案”为例，它的主要目的是激发联邦研究机构和实验室在技术转移上的积极性。其主要措施是在联邦研究机构内设立研究与技术转移办公室（ORTA），协助识别技术转移的机会，并对与外部合作方的转移合作关系做出适当安排，从而将自身拥有或产生的技术向非联邦机构转移。

（2）美国政府重视通过立法来支持小企业的研发活动，比较典型的是“1982年的小企业创新发展法案”设立小企业创新研究项目（SBIR），“1992年的小企业技术转移法案”设立小企业技术转移项目（STTR）。这两个项目为小企业提供奖金资助，从而激发它们的技术创新及与联邦政府的研发活动相配合的积极性，并促进联邦机构研发创新成果在这些小企业中的商业化。

小企业创新研究项目（SBIR）鼓励小企业通过研发课题招投标参与联邦机构的研发活动并将研发成果商业化，它要求年度外部研发预算超过1亿美元的联邦机构为在美国注册的小企业留出预算的2.5%作为创新研究项目奖金。该项目分3个阶段实施：第一阶段，小企业可以申请一般不超过15万美元的奖金资助，在6个月内对一个具有商业潜力的创意进行科学和技术可行性的评估；第二阶段，在第一阶段成果的基础上，小企业可以申请不超过100万美元的奖金资助来做两年期的进一步工作；第三阶段，是企业寻求成果商业化的过程。项目本身不提供第三阶段的资金资助，但联邦政府可能与这些小企业达成产品或服务的采购合同，一些项目外的机构可为小企业的技术商业化提供过桥资金①或其他支持。

小企业技术转移项目（STTR）鼓励小企业参与到高等学校和非营利性机构的研发活动。项目要求年度外部研发预算超过10亿美元的联邦机构留出预算的0.3%用于小企业的资金资助。项目实施的阶段与小企业创新研究项

① 过桥资金是一种短期资金的融通，其作用是通过过桥资金的融通达到与长期资金的对接，以长期资金替代过桥资金。

目（SBIR）类似。

以上两个项目都是由美国小企业管理局负责总体协调的，在实际运作过程中取得了良好的效果。

3.3.3 构建科技工业园区模式

美国在研发活动中形成了多种形式的学术界和产业界的交流与合作模式，科技工业园区是比较有成效的一种模式。科技工业园区较为著名的有硅谷（又称斯坦福工业园）、波士顿128号公路园区、三角研究园等。这些科技工业园区将高等学校的科研与企业的生产结合在一起，促进了最新高新技术的产业化，在一定时期都获得了不小的成就，但随着世界政治的变化，不同的园区在处理与政府及市场的关系上存在较大差异，因此今时命运各不相同。例如，硅谷和波士顿128号公路园区就形成了一定的对比。

1. 硅谷的发展

硅谷是加利福尼亚州圣克拉拉县面临太平洋的一片谷地。硅谷的发展在第二次世界大战之前主要集中于斯坦福大学。1937年，斯坦福大学的两个毕业生 William Hewlett 和 David Packard 在弗雷德·特曼（Frederick Emmons Terman）教授的支持下成立了惠普公司，他们将硕士论文设计成果——音频振荡器转化为商品。另外，查尔斯·里顿于1932年创立了里顿工程实验室，从事玻璃真空管的生产。Sigurd 和 Russell Varian 则发明了速调器，依靠这一发明，他们成立了万瑞协会，进行仪器的制造。他们都是斯坦福大学的学生，或获得特曼教授的帮助，或可以免费使用斯坦福大学的物理实验室。

20世纪50年代，斯坦福大学在特曼教授的推动下进行了一系列改革。一是建立工业园区，将斯坦福大学的650亩土地出租给高技术企业。斯坦福大学工业园区的建立原本是为大学筹措资金，其在发展过程中加强了大学与企业的联系和合作，园区企业聘请大学教授担当顾问或聘用大学的学生，还可以参加大学里与企业相关的科研项目。二是设立“荣誉合作项目”。这一项目向当地的企业开放课堂，当地企业的工程师可以学习研究生课程，或通过电视教育形式在企业学习斯坦福大学的课程。三是成立斯坦福研究院（Stanford Research

Institute)，进行国防方面的研究，并对当地的企业提供协助。

“冷战”带来的军费开支膨胀促进了硅谷地区的企业发展。斯坦福大学和当地企业获得了政府资助的国防科研项目。但与波士顿128号公路园区相比，硅谷地区所获得的资助相对较少，因而斯坦福大学更加注重发展与企业的关系，通用电气公司、柯达公司等纷纷落户于斯坦福大学工业园区。此外，与政府关系的相对薄弱使得硅谷的企业更为注意适应市场的变化，因而硅谷在竞争中形成了敢于冒险和勇于创新的文化氛围，这是硅谷在“冷战”后军事订单下降的情况下仍能保持强盛活力的重要原因之一。

2. 波士顿128号公路园区的发展历程

波士顿128号公路是环绕美国马萨诸塞州首府城市波士顿的一段高速公路，其长度有100多千米。目前，在这段公路两旁聚集了大量的科研机构和高科技产业企业，麻省理工学院和哈佛大学也坐落在附近，因而这里被视为产学研结合的一个高新产业园区。它与硅谷成为美国较有名的两个高新产业园区。波士顿128号公路园区的兴衰也影响到波士顿地区的经济。

波士顿128号公路园区起初是由麻省理工学院（MIT）带动发展起来的。第二次世界大战前麻省理工学院就开始注重产学研结合，一方面鼓励学生和教师为企业提供技术扶持和技术服务，将研究成果转让给当地的企业；另一方面鼓励学生和教师运用技术优势开办企业，将实验室里的科研成果迅速产业化。比如，在电子工程系教授丹尼瓦·布什（Vannavar Bush）的帮助下，美国器械公司成立，从事冰箱制造。这家公司后来更名为瑞森制造公司，增加了新型真空管的制造。这一时期园区开办的企业主要是从麻省理工学院的实验室中独立出来的，它们依靠个人提供资金支持，这一时期的发展相对来说比较缓慢。

第二次世界大战是波士顿128号公路园区快速发展的重要节点。当时，电子工程系教授Vannavar Bush到美国国防部供职，担任科学研究与开发办公室（OSRD）主任。在他的推动下，联邦政府将大量科研资金投向大学，用于军事工业的基础研究。因而，麻省理工学院和波士顿128号公路园区得到许多国防订单。20世纪四五十年代，丹尼瓦·布什领导的科学研究与开发办公室授予的合同款有 1/3 流向了麻省理工学院实验室。波士顿 128 号公路园区的其他大学，如哈佛大学和塔夫茨大学（Tufts），也获得了数以百万美元计的科研经费。这一园区的企业也从政府的战时订单中受益。例如，瑞森公司拿到了为雷达设施进行电子试管和磁极供货的政府合同。这些政府订单给波士顿 128 号公路园区的发展带来了巨大的推动力。

此外，这一时期风险投资的发展也对波士顿 128 号公路园区新兴企业的建立和发展起到了推动作用。在此之前，波士顿地区的投资资金主要投向了保险公司和信托公司。1946 年，在麻省理工学院教职员工和波士顿地区金融家的推动下，美国研究与开发公司（American Research & Development Corporation）作为公众持股的风险投资公司成立了。美国研究与开发公司积极在麻省理工学院及其实验室开拓投资机会，其在数字设备公司（Digital Equipment Corporation，DEC）的投资获得了较大的成功。这一公司由麻省理工学院的毕业生奥尔森创办。此外，其他成功的例子也激励了当地金融机构投身于高新技术企业的投资。风险投资成为当地高新技术企业的资金新来源。

第二次世界大战之后，由于“冷战”的需要，美国扩大军事费用开支，用于军事科研和军需品的采购。这些资金大部分投向麻省理工学院和波士顿 128 号公路园区的企业。20 世纪 50 年代，来自波士顿 128 号公路园区的公司与国防部签订的合同金额达到 60 亿美元；60 年代，每年平均签订的合同金额超过 10 亿美元。1962 年，联邦政府在这一园区的采购金额达到它的销售额的一半。获得资金支持后，麻省理工学院和波士顿 128 号公路园区的企业得到长足发展。创新活动在这一区域十分活跃，在半导体、电子计算机等技术领域都取得了一定的突破。到 1970 年，这一园区成为全美有名的电子创新中心。

20 世纪 80 年代，随着东欧剧变和苏联解体，美国开始减少国防开支，对波士顿 128 号公路园区的军事采购和研发投入也开始锐减。政府采购的高收益和低风险使这些企业在组织结构上缺乏灵活性，不能很好地适应民用市场的竞争。面对政府采购锐减这一冲击，这些企业不能及时采取应对措施，如在电脑市场上，需求从大型电脑转向小型个人电脑，而这一园区的电脑公司未能进行及时转型。在这样的情况下，波士顿 128 号公路园区的发展出现衰落的迹象。

3.4 简要小结

（1）各国综合国力竞争激烈，许多国家加大研发投入。OECD公布的主要科技指标显示，2000年OECD组织成员国的研发经费投入是0.62万亿美元，2015年增长到1.25万亿美元。我国研发经费比重也迅速增大，由2000年的1.66%上升为2015年的24.34%，居世界第二位。但我国研发经费投入强度仍较低，2012年为1.98%，居于第15位；研发人员人均经费为3.5万美元，远远低于芬兰、日本、韩国、挪威等国家。

（2）企业资金成为研发经费的主要来源。2015年，日本、中国台湾、中国、韩国、斯洛文尼亚、德国、美国等许多国家或地区企业资金占研发经费来源的一半以上。在研发经费使用方向上，2015年发达国家中的瑞士基础研究占国内生产总值的比重是1.30%，美国是0.48%，日本是0.39%，而一些发展中国家的比重也达到0.2%以上，这说明基础研究受到这些国家和地区的重视。

（3）美国一向重视研发投入，2008年金融危机后，美国并没有对研发经费进行大幅削减，《美国复苏与再投资法案2009》从实施开始到2012年共给予学术性质的研发活动7亿多美元的资金支持。

（4）美国有白宫科技政策办公室、国家科技委员会和总统科技顾问委员会来统筹与协调研发活动，并制定了一系列的法案来激发研发活动。在研发成果转移和商业化方面，“史蒂文森法案”激发了联邦研究机构和实验室在技术转移上的积极性；小企业创新研究项目（SBIR）和小企业技术转移项目（STTR）则为小企业研发提供支持，促进创新成果的商业化。

（5）在科技工业园区模式中，硅谷和波士顿128号公路园区的兴盛得益于政府采购和政府科研项目资助，关键因素是产学研的紧密结合，尤其是斯坦福大学通过教授兼职、培训企业员工、邀请企业参与科研项目，实现了与企业的密切合作。硅谷的例子说明只有以市场为主导才能保有持续的活力。

4 我国研发现状分析

当前国家之间综合国力的竞争在一定程度上是科技实力的竞争。为增强本国的科技实力，各个国家加大研发资金支持，也积极采取各种措施鼓励研发活动。但不同国家有各自不同的国情，其研发经费投入和实际活动开展也各有特点。这些特点对各国研发活动所取得的效果产生很大的影响，因此，有必要对我国研发现状进行简要分析。为此，本章首先从经费和人员上对研发投入进行分析，归纳出我国研发投入的发展特点，其次对研发投入展开进一步分析，最后着重分析企业的研发活动。

4.1 我国研发经费及人员增长现状分析

4.1.1 研发投入总量的迅速增长

我国科技统计制度建立得较晚，1991 年国家统计局首次公布了我国的研发活动相关数据。国际上用于比较各国研发投入的指标主要有研发经费投入和研发经费投入强度，我国这两个指标都增长得较快，见表 4－1。

表 4－1　　1991—2014 年我国研发经费和 GDP 情况

年度	研发经费支出		研发经费投入强度		GDP 年增长率（%）
	研发经费支出（亿元）	年增长率（%）	研发经费投入强度（%）	年增长率（%）	
1991	145.63	—	0.73	—	9.30
1992	156.85	7.71	0.74	1.37	14.20

续 表

年度	研发经费支出		研发经费投入强度		GDP 年增长率（%）
	研发经费支出（亿元）	年增长率（%）	研发经费投入强度（%）	年增长率（%）	
1993	155.16	－1.08	0.70	－5.41	14.00
1994	173.56	11.85	0.64	－8.57	13.10
1995	186.59	7.51	0.57	－10.38	10.90
1996	208.12	11.54	0.57	0.00	9.90
1997	257.61	23.78	0.64	13.45	9.30
1998	279.40	8.46	0.65	1.28	7.80
1999	345.56	23.68	0.76	15.94	7.60
2000	450.93	30.49	0.90	19.24	8.40
2001	522.76	15.93	0.95	5.31	8.30
2002	644.40	23.27	1.07	12.56	9.10
2003	754.22	17.04	1.13	5.93	10.00
2004	912.60	21.00	1.23	8.51	10.10
2005	1119.15	22.63	1.32	7.31	11.30
2006	1351.55	20.77	1.39	5.30	12.70
2007	1606.97	18.90	1.40	0.72	14.20
2008	1835.21	14.20	1.47	5.00	9.60
2009	2363.49	28.79	1.70	15.65	9.20
2010	2776.70	17.48	1.76	3.53	10.60
2011	3205.40	15.44	1.84	4.55	9.50
2012	3757.90	17.24	1.98	7.61	7.70
2013	4312.06	14.75	2.08	5.05	7.70
2014	4820.87	11.80	2.09	0.56	7.40
平均增长	—	16.66	—	4.67	10.10

注：①数据来源于中国经济统计数据库；②研发经费支出以 1990 年为基期，采用固定资产价格指数进行平减处理，以便于计算增长率。

从表 4－1 中我们可以看到：

（1）我国研发经费支出一直处于持续增长状态，从 1991 年的 145.63 亿元增加到 2014 年的 4820.87 亿元，23 年间增加了 32.1 倍；研发经费年增长率是一个波动的趋势，增长率最低的年份是 1993 年，为－1.08%，增长率最高的年份是 2000 年，达到 30.49%。总体来看，1992—2014 年研发经费平均增长率为 16.66%。

（2）研发经费支出的平均增长速度相对快于 GDP 的平均增长速度。1992—1995 年，GDP 的增长速度高于研发经费支出的增长速度；1996—2014 年，研发经费支出的增长速度高于 GDP 的增长速度。1992—2014 年，研发经费支出的平均增长率（16.66%）高于 GDP 的平均增长率（10.1%）。

（3）研发经费投入强度增长。随着研发经费的快速增加，我国研发经费投入强度也在不断上升，见图 4－1。1991—1999 年，中国的研发经费投入强度一直在 0.57%～0.76%波动，之后迅速提升到 2000 年的 0.9%，之后不断攀升，2014 年达到 2.09%。我国研发经费投入的快速增加与我国 1995 年开始实施科教兴国战略紧密相关，反映了我国各级政府逐渐认识到研发投入及其带来的创新对经济增长的重要作用。

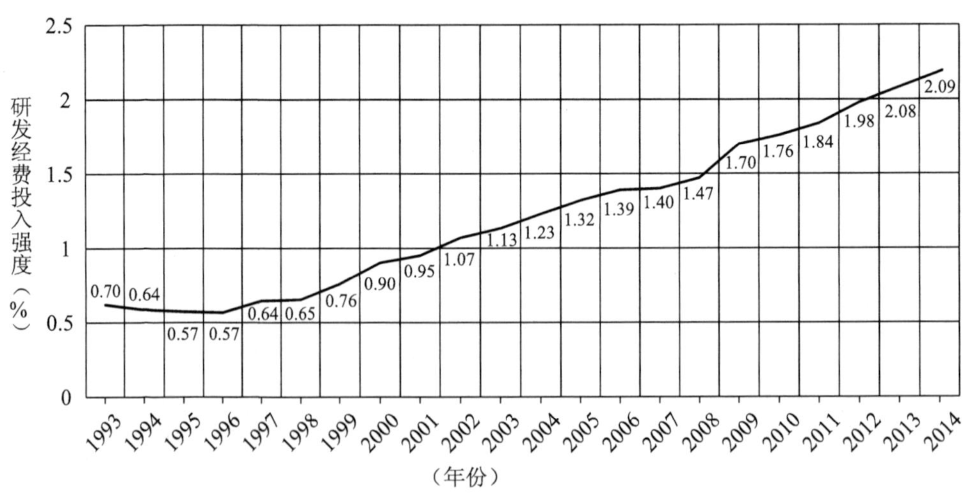

图 4－1　1993—2014 年中国研发经费投入强度

注：数据来源于《中国科技统计年鉴》。

4.1.2 研发人员迅速增长

在研发经费迅速增加的同时，中国从事研发活动的人员数量也在迅速增加。1995—2013 年，除 1998 年有所下降外，其他年份从事研发活动的人员数量都呈增长趋势。由图 4-2 可以看出，中国从事研发活动的人员数量由 1995 年的 75.2 万人/年上升到 2013 年的 353.3 万人/年，增加了 3.7 倍；在增长率上也出现了波动的趋势，从事研发活动的人员增长率最低的是 1998 年，为负数（−9.1%），最高的为 2005 年（18.4%），总体来看，从事研发活动的人员年均增长率为 9.0%。

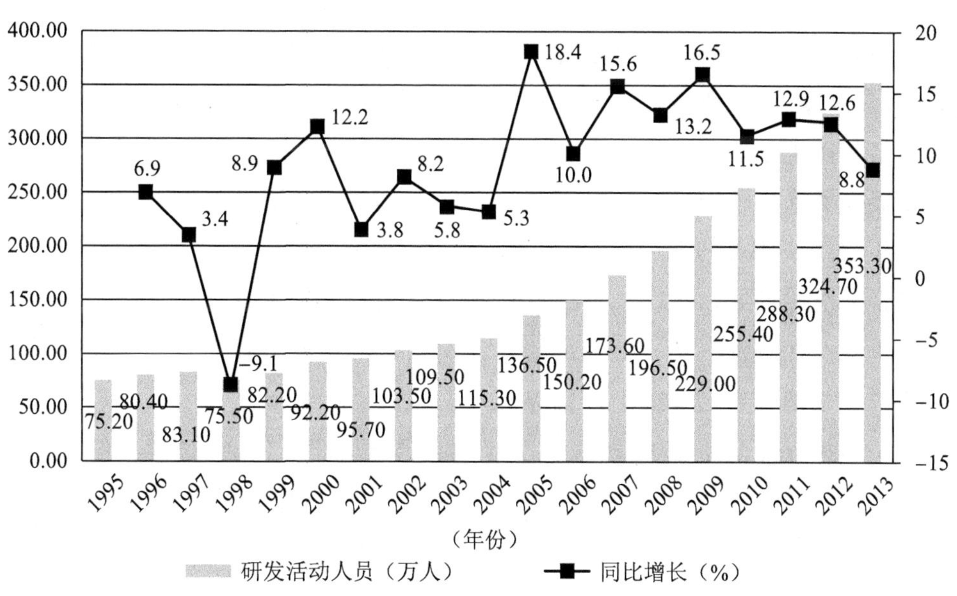

图 4-2 1995—2013 年中国研发活动人员数量

数据来源：Wind 数据库。

4.2 研发经费支出结构分析

4.2.1 支出用途分析

研发活动一般分为 3 种类型，即基础研究、应用研究和试验发展。基础研究指为了获得关于现象和可观察事实的基本原理而进行的实验性或理论性研究；应用研究指利用基础研究所发现的知识，确定特定的目标，为了明确基础研究成果的实用化的可能性，探索新方法（原理性）而进行的独创性研究，以及对已经实用化的技术探索新的应用方法（原理性）而进行的研究；试验发展是利用从基础研究、应用研究和实际经验所获得的现有知识，为产生新的产品、材料和装置，建立新的工艺、系统和服务，以及对已产生和建立的上述各项作实质性的改进而进行的系统性工作。①

表 4－2 给出了这 3 种性质的研发活动在 1995—2013 年的变化。从这张表可以看到，我国基础研究经费从 1995 年的 18.1 亿元增长到 2013 年的 554.95 亿元，其年均增长速度为 21％，基本上与总的研发经费支出增长速度（21.64％）持平，因此，其占比未出现较大变化，基本在 5％上下波动。应用研究的经费也有所增长，由 1995 年的 92 亿元上升为 2013 年的 1269.12 亿元，但其比重呈下降趋势，由 1995 年的 26.4％下降为 2013 年的 10.7％。试验发展经费增速较快，由 1995 年的 238.6 亿元上升为 2013 年的 10022.5 亿元，年均增长率为 23.1％，其比重也由 1995 年的 68.4％上升为 2013 年的 84.6％。由此可见，在这 3 类研发活动中，试验发展的比重是最大的，并且伴随着企业在研发活动中比重的增大而增加；应用研究比重次之，出现下降的趋势；基础研究比重最小，保持在 5％左右。

不同执行部门主要从事的研发活动也有所不同。《中国科技统计年鉴 2013》显示：2012 年企业研发经费支出中所占比重最大的是试验发展，应用研究次之，基础研究最后，它们的占比分别为 96.9％、3.0％和 0.1％；研究与开发机构的情况与企业相差不大，3 项占比分别为 97.3％、2.6％和 0.1％。而高等学校的研发活动依次是应用研究、基础研究及试验发展，三者占比分别为 51.6％、35.3％和 13.1％。② 因此，总体来看，试验发展的比重是我国研发经费支出中占比最大的。这在一定程度上反映出我国自主创新能力不是很足，而主要从事的是模仿创新。

---

① 参见《中国科技统计年鉴》。

② 数据来源于《中国科技统计年鉴》。

表 4－2　　1995—2013 年我国三类研发活动经费及其占比

年度	研发经费支出（亿元）	基础研究		应用研究		试验发展	
		经费（亿元）	占比（%）	经费（亿元）	占比（%）	经费（亿元）	占比（%）
1995	348.7	18.1	5.2	92	26.4	238.6	68.4
1996	404.5	20.2	5.0	99.1	24.5	285.1	70.5
1997	481.5	27.4	5.7	130.6	27.1	323.4	67.2
1998	551.1	28.9	5.2	124.6	22.6	397.5	72.1
1999	678.9	33.9	5.0	151.5	22.3	493.5	72.7
2000	895.66	46.7	5.2	151.9	17.0	697	77.8
2001	1042.49	52.2	5.0	175.9	16.9	814.3	78.1
2002	1287.64	73.8	5.7	246.7	19.2	967.2	75.1
2003	1539.63	87.7	5.7	311.4	20.2	1140.5	74.1
2004	1966.33	117.18	6.0	400.49	20.4	1448.67	73.7
2005	2449.97	131.21	5.4	433.53	17.7	1885.24	76.9
2006	3003.1	155.76	5.2	488.97	16.3	2358.37	78.5
2007	3710.24	174.52	4.7	492.94	13.3	3042.78	82.0
2008	4615.98	220.82	4.8	575.16	12.5	3820.04	82.8
2009	5802.11	270.29	4.7	730.79	12.6	4801.03	82.7
2010	7062.58	324.49	4.6	893.79	12.7	5844.3	82.8
2011	8687	411.81	4.7	1028.4	11.8	7246.8	83.4
2012	10298.4	498.81	4.8	1161.97	11.3	8637.63	83.9
2013	11846.6	554.95	4.7	1269.12	10.7	10022.5	84.6

注：数据来源于中经网统计数据库。

4.2.2 支出的省区结构

由于经济发展水平不一以及经济结构上存在的差距，我国不同省区研发投入规模存在着较大差异。如表 4－3 所示，研发投入排序前 5 位和后 5 位的省（市、区）的研发经费所占比重存在落差，排序前 5 位的省（市、区）研发经费投入加总占到了全国研发经费投入的 52%左右，而排序后 5 位的省

（市、区）研发经费投入加总仅占全国研发经费投入的0.8%左右；进入前5位的均是东部省市，而进入后5位的除海南外，其他均为西部省区。

表4-3　2000—2012年我国研发排序前、后5个省（市、区）及其经费总和占全国比重的变化

年度	前5位		后5位	
	省（市、区）	比重（%）	省（市、区）	比重（%）
2000	北京、广东、上海、江苏、山东	51.53	新疆、宁夏、青海、海南、西藏	0.81
2001	北京、广东、江苏、上海、山东	52.75	新疆、宁夏、青海、海南、西藏	0.67
2002	北京、广东、江苏、上海、山东	53.72	新疆、青海、宁夏、海南、西藏	0.72
2003	北京、广东、江苏、上海、山东	53.21	新疆、青海、宁夏、海南、西藏	0.66
2004	北京、江苏、广东、上海、山东	53.69	新疆、宁夏、青海、海南、西藏	0.74
2005	北京、江苏、广东、上海、山东	53.03	新疆、宁夏、青海、海南、西藏	0.59
2006	北京、江苏、广东、上海、山东	52.78	新疆、宁夏、青海、海南、西藏	0.65
2007	北京、江苏、广东、山东、上海	52.82	新疆、宁夏、青海、海南、西藏	0.66
2008	江苏、北京、广东、山东、上海	52.49	新疆、宁夏、青海、海南、西藏	0.69
2009	江苏、北京、广东、山东、上海	51.13	新疆、宁夏、青海、海南、西藏	0.81
2010	江苏、北京、广东、山东、浙江	51.75	新疆、宁夏、青海、海南、西藏	0.80
2011	江苏、广东、北京、山东、浙江	51.69	新疆、宁夏、青海、海南、西藏	0.83
2012	江苏、广东、北京、山东、浙江	51.76	新疆、宁夏、青海、海南、西藏	0.84

注：数据及排序根据历年《中国科技统计年鉴》计算得到。

研发经费投入强度的排名基本上与投入规模相吻合。从表4-4可以看出，研发经费投入规模大的省（市、区）其研发经费投入强度也较大，这些省（市、区）主要分布在东部地区，如北京、天津、上海等；而研发经费投入强度较小的地区主要是西部省（市、区）。研发经费投入强度排在首位的是北京，其投入强度除2008年外均达到了5%以上，而排在末位的是西藏，其投入强度在0.2%左右波动。陕西属于西部地区，但其研发经费投入强度在2006—2012年均进入了前10位，这与陕西军工企业和高等学校集聚有关。

表 4-4　　2006—2012 年我国各地区研发经费投入强度（%）

年度 地区	2006	2007	2008	2009	2010	2011	2012	年平均值
全国	1.39	1.40	1.47	1.70	1.76	1.84	1.98	1.65
北京	5.33	5.13	4.95	5.50	5.82	5.76	5.95	5.49
天津	2.13	2.18	2.32	2.37	2.49	2.63	2.80	2.42
河北	0.67	0.66	0.68	0.78	0.76	0.82	0.92	0.76
山西	0.74	0.82	0.86	1.10	0.98	1.01	1.09	0.94
内蒙古	0.33	0.38	0.40	0.53	0.55	0.59	0.64	0.49
辽宁	1.46	1.48	1.39	1.53	1.56	1.64	1.57	1.52
吉林	0.96	0.96	0.82	1.12	0.87	0.84	0.92	0.93
黑龙江	0.92	0.93	1.04	1.27	1.19	1.02	1.07	1.06
上海	2.45	2.46	2.53	2.81	2.81	3.11	3.37	2.79
江苏	1.59	1.65	1.88	2.04	2.07	2.17	2.38	1.97
浙江	1.43	1.50	1.61	1.73	1.78	1.85	2.08	1.71
安徽	0.97	0.98	1.11	1.35	1.32	1.40	1.64	1.25
福建	0.89	0.89	0.94	1.11	1.16	1.26	1.38	1.09
江西	0.78	0.84	0.91	0.99	0.92	0.83	0.88	0.88
山东	1.07	1.21	1.40	1.53	1.72	1.86	2.04	1.55
河南	0.65	0.67	0.68	0.90	0.91	0.98	1.05	0.83
湖北	1.24	1.19	1.32	1.65	1.65	1.65	1.73	1.49
湖南	0.70	0.78	0.98	1.18	1.16	1.19	1.30	1.04
广东	1.18	1.27	1.37	1.65	1.76	1.96	2.17	1.62
广西	0.38	0.38	0.47	0.61	0.66	0.69	0.75	0.56
海南	0.20	0.21	0.22	0.35	0.34	0.41	0.48	0.32
重庆	0.94	1.00	1.04	1.22	1.27	1.28	1.40	1.16
四川	1.24	1.32	1.27	1.52	1.54	1.40	1.47	1.39
贵州	0.62	0.48	0.53	0.68	0.65	0.64	0.61	0.60
云南	0.52	0.54	0.54	0.60	0.61	0.63	0.67	0.59

续 表

年度 地区	2006	2007	2008	2009	2010	2011	2012	年平均值
西藏	0.17	0.20	0.31	0.33	0.29	0.19	0.25	0.25
陕西	2.14	2.11	1.96	2.32	2.15	1.99	1.99	2.09
甘肃	1.05	0.95	1.00	1.10	1.02	0.97	1.07	1.02
青海	0.52	0.48	0.38	0.70	0.74	0.75	0.69	0.61
宁夏	0.69	0.81	0.63	0.77	0.68	0.73	0.78	0.73
新疆	0.28	0.28	0.38	0.51	0.49	0.50	0.53	0.42

注：数据来源于《中国科技统计年鉴·2014》。

4.2.3 支出的执行主体结构

我国从事研发活动的部门主要有研究开发机构、企业、高等学校等。从表 4-5 中可以看到，2000—2012 年这 3 个主要执行部门的研发经费都有所增长：研究与开发机构的研发经费由 2000 年的 258.3 亿元增长到 2012 年的 1548.9 亿元，年均增长率为 16.1%；企业的研发经费由 2000 年的 537.0 亿元上升到 2012 年的 7842.2 亿元，年均增长率为 23%；高等学校的研发经费由 2000 年的 76.7 亿元增长到 2012 年的 780.6 亿元，年均增长率为 21.3%。此外，在比重上，研发经费呈现出研究与开发机构和企业此消彼长的趋势：研究与开发机构的比重在下降，由 2000 年的 28.8%下降到 2012 年的 15%；企业的比重在上升，由 2000 年的 60.0%上升为 2012 年的 76.2%。高等学校的比重变化不大，在 7.6%～10.5%间波动。

在人员投入上也出现了类似的变化趋势，见表 4-6。大中型企业的研发人员全时当量投入占全国的比重由 2000 年的 35.7%上升到 2012 年的 69.2%，同一时期研究与开发机构相应的比重由 24.8%下降为 10.6%，高等学校相应的比重由 17.3%下降为 9.7%。

需要指出的是，研究与开发机构的比重下降的原因之一是我国进行了科研事业单位改革。这一改革是为了解决研究与开发机构存在的科技与经济脱节、研发人员主动性不能充分发挥、机构重复设置等问题而做的。改革工作从1985年展开，国务院22个部门部属的265个公益类研究机构进行了分流或转制，而全国县级以上的5800家研究与开发机构，有2000多家进行转制，或单独转为企业，或进入企业和高校。

表4-5　　2000—2012年我国各执行部门研发经费及占比

年度	全国研发经费支出	研究与开发机构研发经费支出		企业研发经费支出		高等学校研发经费支出	
	金额（亿元）	金额（亿元）	占比（%）	金额（亿元）	占比（%）	金额（亿元）	占比（%）
2000	895.7	258.3	28.8	537.0	60.0	76.7	8.6
2001	1042.5	288.5	27.7	630.0	60.4	102.4	9.8
2002	1287.6	351.3	27.3	787.8	61.2	130.5	10.1
2003	1539.6	399.0	25.9	960.2	62.4	162.3	10.5
2004	1966.3	431.7	22.0	1314.0	66.8	200.9	10.2
2005	2450.0	513.1	20.9	1673.8	68.3	242.3	9.9
2006	3003.1	567.3	18.9	2134.5	71.1	276.8	9.2
2007	3710.2	687.9	18.5	2681.9	72.3	314.7	8.5
2008	4616.0	811.3	17.6	3381.7	73.3	390.2	8.5
2009	5802.1	995.9	17.2	4248.6	73.2	468.2	8.1
2010	7062.6	1186.4	16.8	5185.5	73.4	597.3	8.5
2011	8687.0	1306.7	15.0	6579.3	75.7	688.9	7.9
2012	10298.4	1548.9	15.0	7842.2	76.2	780.6	7.6

注：数据来源于中经网统计数据库。

表4-6　　2000—2012年我国研发人员全时当量投入占比（%）

年度	全国	研究与开发机构	大中型企业	高等学校
2000	100	24.8	35.7	17.3
2001	100	21.4	39.7	17.9
2002	100	19.9	41.0	17.5

续 表

年度	全国	研究与开发机构	大中型企业	高等学校
2003	100	18.6	43.7	17.3
2004	100	17.6	38.0	18.4
2005	100	15.8	44.4	16.6
2006	100	15.4	46.3	16.1
2007	100	14.7	49.4	14.6
2008	100	13.2	51.6	13.6
2009	100	12.1	50.6	12.0
2010	100	11.5	53.6	11.3
2011	100	11.0	67.3	10.4
2012	100	10.6	69.2	9.7

注：数据根据历年《中国科技统计年鉴》计算得到。

4.3 企业研发活动分析

在市场经济条件下，研发活动是企业为追求利润而实施的推动技术进步的行为。因此，对企业研发活动进行分析是极为重要的。

4.3.1 企业研发经费使用分析

企业研发经费中，较大部分为规模以上企业所使用，2013 年全部企业研发经费的 90%都用于规模以上企业，其中，61.8%的研发经费为大型企业使用，21.4%的研发经费为中型企业使用。小型企业和刚创立的企业研发实力远远不足。具体到企业个体上，虽然有像华为、中兴这些注重研发投入，着力将技术作为产品竞争核心的企业，但大部分企业的研发投入过低，强度偏低，仍停留在模仿创新阶段。

国内学者也指出我国企业研发活动存在着分布不均衡的问题。成力为和戴小勇（2012）对 30 万家工业企业 2005—2007 年的数据进行分析，发现有研发活动的企业仅占 10%，而这些有研发活动的企业中研发活动不稳定的企业又占到49.5%；大约1/3的研发投入又集中到3%的企业。国有企业研发活动虽获得了政府资金和金融贷款的支持，但缺乏创新动力；私营企业虽有内生的创新动力，但很少能获得政府资金支持和金融贷款。[①]

而在企业性质上，规模以上企业研发经费中内资企业占的份额为75.5%，港、澳、台投资企业和外商投资企业分别占9.3%和15.2%，由此可以看出，内资企业是我国企业研发的主要力量，港、澳、台投资企业和外商投资企业也表现得比较活跃。

专栏三　华为公司研发投入获硕果

华为公司成立于1987年，是一家起步于我国深圳的民营企业，其初始资本只有2.1万元人民币。经过30年的发展，华为迅速成长为世界500强公司之一，其电信网络设备、IT设备和智能终端已应用于全球170多个国家和地区，服务全球1/3以上的人口。华为在2017年华为市场颁奖典礼上公布了其2017年的总收入数据：1022亿美元，约合6558.685亿元人民币。其中，消费者BG实现收入约合2830亿元人民币，增长幅度约为57.4%；企业BG收入约合680亿元人民币，增长幅度约为67%。华为公司的优秀业绩主要得益于其在研发活动上的大量投入及其在技术上实现的创新。华为坚持每年将10%以上的销售收入投入研究与开发。2016年，华为从事研究与开发的人员约80000名，约占公司总人数的45%；研发费用支出为人民币763.91亿元，占总收入的14.6%。近10年华为累计投入的研发费用超过人民币3130亿元。

华为公司对于研发的大量投入带来了技术上的收获。截至2016年12月31日，华为累计获得专利授权62519件；累计申请中国专利57632件，累计申请外国专利39613件，其中，90%以上为发明专利。目前在中国的企业发明专利授权量中，华为位居首位；而在美国和欧洲的企业专利授权量排名中华为分别进入了前50位和前7位。

---

① 成力为，戴小勇．《研发投入分布特征与研发投资强度影响因素分析——基于我国30万个工业企业面板数据》，中国软科学，2012年第8期，第152-165页。

华为重视研发投入，通过技术创新成为了世界科技的引领者，为民营企业树立了一个好榜样。

资料来源：凤凰网、华为官网。

4.3.2 企业研发活动性质分析

企业研发主要关注试验发展，较少涉及基础研究和应用研究。2012 年我国企业研发经费使用中，96.9%投入试验发展，3%投入应用研究，0.09%投入基础研究①。

究其原因，首先是我国绝大多数企业缺乏从事科学研究的人才资源。在经费来源和经费使用上，企业部门的比重都是最大的，但在人员学历构成上，企业却与高等学校和研究与开发机构相差很多。2012 年，企业研发人员当中硕士学历以上人员 282702 人，所占比重为 8.4%，远远低于高等学校的 61%和研究与开发机构的 44%。并且，基础研究和应用研究的成果不能马上带来经济效益，其发挥实际应用价值还要经历转化过程，这期间会带来较大的不确定性。这些风险使得企业不太愿意投资于基础研究和应用研究。基础研究是自主创新的主要来源，企业研发经费中基础研究的比重偏低说明企业把研发的主要精力投入到模仿创新或技术吸收后的再创新，这会导致企业的原始创新能力不足。这是我国企业创新能力提高受到制约的重要原因。

4.3.3 高新技术产业研发投入分析

高新技术产业是以高新技术为基础的产业。经济合作与发展组织（OECD）将研究与开发强度作为衡量标准之一，确定了航空航天制造业、计算机与办公设备制造业、电子与通信设备制造业、医药品制造业等为高新技术产业。这些产业也是当前国际竞争较为集中的产业。

为了增强本国的经济竞争力，许多国家十分重视高新产业的发展，在研发投入中高新产业占到相当的比重。比如，2014 年美国高新产业研发经费的

① 数据来源于《中国科技统计年鉴 · 2013》。

投入占制造企业的45.8％，日本占到35.32％，韩国占到25.7％，中国的台湾地区占到74.36％。我国一些高新技术产业的研发取得了突出成绩，但整体来说我国高新产业研发经费投入占制造企业的比重偏低，企业研发的主导力量仍是传统产业①。

专栏四　中国航天投入产出1∶10

中国航天科技集团公司系统科学与工程研究院院长王崑声表示，目前中国已有2000多项航天技术成果移植到国民经济各个部门，民用航天产值已占据航天总产值的半壁江山，投入产出比高达1∶10。航天科技渗透到人们日常生活的许多方面，比如，卫星导航、太阳能热水器、烟雾报警器、保暖内衣、心脏起搏器等，这些都离不开航天科技。在汶川地震的抢险救灾中，中国航天科工集团公司三院惯性公司采用航天高科技研制的测斜仪解决了对唐家山堰塞湖超高坝体进行监测的难题。航天科技诱发的经济活动可以涵盖通信、金融、医疗、国防、太空旅游、太空资源开发和能源利用等诸多领域。

4.4　我国研发成果分析

我国研发活动按性质分主要有基础研究、应用研究和试验发展3类。其中，基础研究活动产生的成果主要是论文和著作；应用研究产生的成果除论文和著作外，还有原理性模型和发明专利；试验发展的成果则是专利、专有技术和产品原型。本节主要从论文和专利方面来分析我国研发成果。

4.4.1　论文数量和质量的快速增长

国外对收录论文的质量要求比较严格，这里对国外收录我国论文的情况

① 数据来源于OECD的Science Technology and Industry Outlook 2014。

进行分析。国外收录我国论文的主要检索工具有 SCI（Science Citation Index）、EI（Engineering Index）和 CPCI－S（Conference Proceedings Citation Index－Science）。表 4－7 反映了 1995—2012 年我国论文被这三大检索工具收录的总数及在世界上所处的位次。

表 4－7　1995—2012 年我国论文被国外主要检索工具收录的总数及在世界上所处的位次

年度＼项目	收录论文数（篇）			位次		
	SCI	EI	CPCS－S	SCI	EI	CPCS－S
1995	13134	8109	5152	15	7	10
2000	30499	13163	6016	8	3	8
2005	68226	54362	30786	5	2	5
2006	71184	65041	35653	5	2	2
2007	89147	75587	43131	3	1	2
2008	116677	89377	64824	2	1	2
2009	127532	97877	54749	2	1	2
2010	143769	119374	37780	2	1	2
2011	165818	127420	52757	2	1	2
2012	192761	124382	77518	2	1	2

注：数据来源于《中国科技统计年鉴·2014》。

从表 4－7 可以看到，1995 年 SCI、EI、CPCI－S 分别收录我国论文 13134 篇、8109 篇、5152 篇，2012 年分别增加到 192761 篇、124382 篇、77518 篇，分别增长了 13.7 倍、14.3 倍、14 倍，我国被这三大检索工具收录的论文数在世界上的排名分别从第 15、第 7、第 10 名上升到了第 2、第 1、第 2 名。

国际评价科技论文质量使用的一个指标是影响因子①，影响因子越高，则说明论文质量越高。从 SCI 收录的我国科技论文的 5 年滚动被引用情况来

① 影响因子等于某期刊在报告年份所发表论文的被引用总次数除以该期刊在该报告年份内发表的论文总数。

看，我国科技论文质量有很大提高，见表 4-8。从表 4-8 可以看出，1995—1999 年我国科技论文被 SCI 收录了 89787 篇，被引用了 142026 次，影响因子是 1.58；2008—2012 年这 3 个指标分别增加到 658718 篇、3701530 次、5.62，分别增加了 6.3 倍、25 倍、2.6 倍。

表 4-8　1995—2012 年 SCI 收录的我国科技论文的 5 年滚动被引用情况

年度＼项目	收录论文数	被引用次数	影响因子
1995—1999	89787	142026	1.58
1996—2000	101613	170984	1.68
1997—2001	116079	212161	1.83
1998—2002	131933	259772	1.97
1999—2003	152946	332297	2.17
2000—2004	175913	412145	2.34
2001—2005	210099	549879	2.62
2002—2006	249582	692283	2.77
2003—2007	349560	936676	2.68
2004—2008	414391	1206096	2.91
2005—2009	472766	1796896	3.8
2006—2010	548309	2362146	4.31
2007—2011	633056	3923960	6.2
2008—2012	658718	3701530	5.62

注：数据来源于《中国科技统计年鉴·2014》。

4.4.2　专利数量的快速增长

随着我国研发投入的快速增长，我国专利的申请数和授权量也出现了快速增长，见表 4-9。从表 4-9 中可以看出，1995 年我国国内专利申请受理数为 69535 件，申请授权数为 41881 件，2013 年这两个数据分别增加到 2234560 件、1228413 件，分别增长了 31.1 倍和 28.3 倍。

表 4－9　　1995—2013 年国内专利申请受理数和授权数（件）

年度	受理数	授权数
1995	69535	41881
2000	140339	95236
2005	383157	171619
2006	470342	223860
2007	586498	301632
2008	717144	352406
2009	877611	501786
2010	1109428	740620
2011	1504670	883861
2012	1912151	1163226
2013	2234560	1228413

注：数据来源于《中国科技统计年鉴·2014》。

从上述的论文数量和质量、专利的受理数和授权数的迅速增长来看，我国科技进步和创新水平迅速提高，但与发达国家相比仍存在很大差距，对此，学术界有些不同见解。

专栏五　中国创新不足吗

2014 年 12 月 22 日，英国《金融时报》中文网刊出学者朱天的文章——《中国创新不足吗》。作者认为，研发投入、科研人员的数量及其论文和专利数量等指标衡量了一个国家的创新水平和能力，从这些指标上来看，中国的创新水平和能力在快速上升，中国创新并没有不足，“对于技术创新的研究者来说，真正有意义的问题不是为什么中国创新还很不足，而是为什么中国的创新力在过去 20 年的增长远远快过世界上所有国家，尤其是其他发展中国家”。

随后，有许多学者立即发文反驳这一观点。孙玉涛、曹聪提出的理由：创新不仅仅是与发展中国家在论文和专利数量上的比较，更需要考虑科技的创新是否能支撑起经济的转型和发展。当前中国很多产业处于全球产品价值链的低端，核心技术和关键零部件的缺失制约着我国产业升级的步伐。

中国的论文和专利数量增长迅速，在世界上的排名也十分靠前，那为什么大众的印象仍是中国的许多关键技术与国外相比还有很大差距呢？这是一个值得思考的问题。

4.5 我国研发经费投入及使用成果特点

从本章的数据分析中，可以看出我国研发活动有以下特点：

(1) 我国的研发起步较晚，基础较薄弱，但发展迅速。在 1991 年我国的研发经费投入为 145.63 亿元①，研发经费投入强度为 0.73%，随着我国对科技的重视，研发经费投入得以加强，在 2013 年我国研发经费投入达到 4312.06 亿元②，年均增长率为 21.63%，研发经费投入强度也达到了 2.08%。在成果方面，论文数量和质量、专利的申请数和授权数都增长迅速，2013 年我国论文被 SCI、EI、CPCI－S 收录的篇数较 1995 年分别增长了 13.7 倍、14.3 倍、14 倍，在 SCI 的影响因子也由 1995—1999 年的 1.58 增长到 2008—2012 年的 5.62。

(2) 我国研发发展过程中，企业作为执行部门，其研发经费占总经费的比重不断上升，大中型企业的研发经费投入占总经费的比重由 2000 年的 39.5%上升为 2012 年的 69.9%，研发人员全时当量投入占全国的比重由 2000 年的 35.7%上升为 2012 年的 69.2%，这说明企业成为了我国研发活动的主体。

(3) 企业研发活动主要集中在试验发展活动中，因此，随着企业研发的活跃，试验发展在我国研发 3 类活动中的比重也逐渐增加，由 1995 年的

① 以 1990 年为基期，采用固定资产价格指数进行平减处理。

② 同上。

78.9%上升到 2013 年的 84.6%。基础研究的比重则波动不大，基本保持在5%左右；应用研究的比重则下降了。与国外相比，我国企业中基础研究比重偏低，原因在于我国企业缺乏从事科学研究的人才资源，并且基础研究不能带来直接的经济效益。

(4) 我国省区之间研发投入在经费和投入强度上都存在着较大的差异，排序前 5 位的省区研发经费投入加总占全国研发经费投入的 52%左右，而排序后 5 位的省区研发经费投入加总仅占全国研发经费投入的 0.8%左右。

5　研发投入规模的影响因素分析

从第 3、4 章的分析来看，我国的研发经费投入在迅速增加，但与一些发达国家仍存在较大差距，我国的研发经费投入强度和研发人员人均经费都远远低于美国、韩国等国家。为提高国家的科技实力，我国仍需要大力增加研发经费投入，因此，研究影响研发规模的因素很有必要。本章研究分析了影响我国研发规模的重要因素，目的是推动研发迅速增长。

5.1　重要因素与假设

5.1.1　重要因素

从第 2 章的综述中可以看到，国内外学者研究发现影响一个国家或地区研发投入的因素主要有经济发展水平、专利保护程度、产业结构、金融深化程度、政府补贴、产学研合作程度等。

根据数据可得性，本书重点选取经济发展水平、产业结构、政府资金资助和外商直接投资 4 个因素作为研发投入规模的重要影响因素进行分析。

5.1.2　假设

1. 假设一：经济发展水平是决定研发投入规模的基本因素

从国际经验来看，经济发展水平高的国家或地区，企业会将较多的营业收入投入研发活动，而发达国家或地区的政府积累的财力较雄厚，能为增加研发投入提供坚实的财政基础。同时，经济发展到一定阶段，人们的消费结构升级，消费动机由满足基本的生存需要向追求舒适转变，这带来了产业结构的升级，也对科技发展提出了更多的要求，从而促进了研发活动。此外，研发活动具有高收益和高风险的特性，只有在具备一定规模的市场中才会出现追求产品创新的研发活动，而一个国家或地区的市场容量随其经济发展而增大，因而在经济发达地区研发也较为活跃。

我国研发投入的增加是与经济快速发展同时出现的。从下图可以看出经济发展水平与研发投入两者之间的相关性。

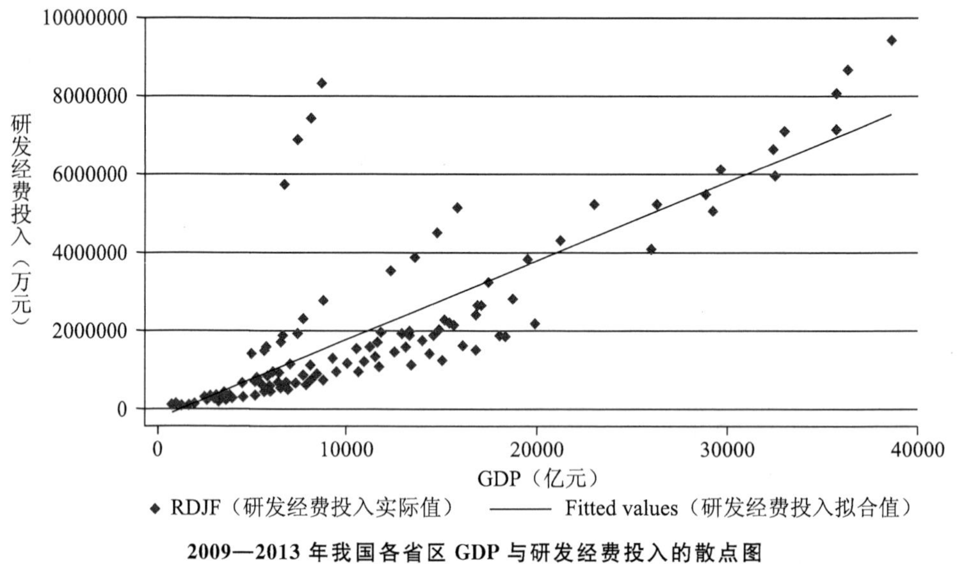

2009—2013 年我国各省区 GDP 与研发经费投入的散点图

2. 假设二：产业结构的高度化促进了研发投入的增加

从可观察的经验中看到，在三次产业中，农业的研发活动较少，而第二、第三产业的研发活动较为活跃。因此，一个国家的产业结构与其研发投入有紧密联系。产业结构中，第二、第三产业比重较大，研发投入往往也较多。

3. 假设三：政府对研发投入的资助有利于提高整体研发投入规模

因为研发活动带有准公共品性质，所以仅仅依靠私人投资会出现研发投入不足的情况。尤其是基础研究，研究周期长，资金需要较多，私人投资的积极性比较低。在这种情况下，政府需要直接对从事基础研究的研究与开发机构进行资助。而应用研究和试验发展也带有一定的不确定性，政府的研发投入可以对私人的研发投入起到示范和激励作用。从前文的分析中可以看到，美国政府通过法案支持研发活动，就是为了提高整体研发投入规模，从而获取经济竞争力。

4. 假设四：研发投入规模受到外商直接投资（FDI）的影响

外商直接投资对研发投入规模产生的影响是带有争议性的。在开放经济环境下，外商直接投资建立的企业可以带来新的生产技术和管理经验，这成为国内企业学习、模仿的榜样。外资企业进行研发而产生的研发溢出效应，更能为国内企业所学习、吸收。而且，在与外资企业进行的市场竞争中，一方面，国内企业为获得竞争优势而进行研发投入；另一方面，外资企业又凭借先进的技术将国内部分企业挤出市场，打击了国内企业的研发能力。因此，外商直接投资对我国的研发投入到底具备怎样的影响，需要在实证中进行检验。

5.2 研发投入规模的影响因素实证分析

5.2.1 变量的选取和模型的建立

假设被解释变量研发投入用研发经费支出来表示，记为 $RDJF$；解释变量中，经济发展水平用国内生产总值来表示，记为 GDP；外商直接投资用外商投资企业注册资本来表示，记为 FDI；政府对研发投入的资助用研发经费中政府来源资金来表示，记为 $ZFZJ$；产业结构用第三产业增加值占国内生产总值的比例来表示，记为 $SCZB$。根据以上假设，构建计量模型。本章拟采用我国不同省区的面板数据，为消除异方差，建立双对数模型：

$$\ln RDJF_{it}=\beta_0+\beta_1\ln GDP_{it}+\beta_2\ln FDI_{it}+\beta_3\ln ZFZJ_{it}+\beta_4\ln SCZB_{it}+\varepsilon_i$$

上式中，i 表示不同省区，t 表示不同时期，ε 是方程扰动项。

基于数据的可得性，本章选用了我国 30 个省区（不含西藏）2009—2013 年的面板数据，数据来源于《中国统计年鉴》和《中国科技统计年鉴》。为消除价格波动的影响，以 2000 年为基期，采用了国内生产总值指数对国内生产总值进行价格平减处理，用固定资产价格指数对研发经费内部支出、研发经费政府来源资金、外商直接投资进行平减处理。

5.2.2 多重共线性的检验

为避免实证中多重共线性带来的偏差，用膨胀因子 *VIF* 进行检验。由经验判断，最大的 *VIF* 小于 10 就可以认为不存在明显的多重共线性。计算 *VIF* 得到的结果见表 5－1，可见表中最大的 *VIF* 为 6.38，不担心会存在明显的多重共线性。

表 5－1　　多重共线性检验结果 1

变量	*VIF*	1/*VIF*
ln*GDP*	6.38	0.156787
ln*FDI*	5.18	0.192964
ln*ZFZJ*	3.27	0.305832
ln*SCZB*	2.18	0.457701
平均 *VIF*	4.25	

5.2.3 估计过程

在面板数据的估计中，需要选择固定模型或随机模型，这时可以进行豪斯曼检验来决定采用哪一种模型。本例中，豪斯曼检验得到的结果如表 5－2 所示。表 5－2 中卡方统计量对应的 *P* 值为 0.0091，可以在 1%的显著性水平下拒绝原假设，即认为应该采用固定模型。

表 5－2　　豪斯曼检验结果 1

原假设	系数的不同是非系统性的
卡方检验统计量	15.32
P 值	0.0091

使用固定模型进行估计得到的结果如表 5 - 3 所示。

表 5 - 3　　　　　　　　研发投入规模的影响因素估计结果

VARIABLES	ln*RDJF*
ln*GDP*	1. 100*** (0. 065)
ln*SCZB*	0. 485*** (0. 150)
ln*FDI*	−0. 129*** (0. 048)
ln*ZFZJ*	0. 258*** (0. 057)
Constant	−0. 096 (0. 601)
Observations	150
Number of pro	30
R - squared	0. 943

注：括号内为标准误差，*** 代表 P 值<0. 01，** 代表 P 值<0. 05，* 代表 P 值<0. 1。

估计结果中，R^2 为 0. 943，且方程整体显著性检验得到的 F 值为 480. 33，对应的 P 值为 0. 0000，说明方程拟合较好。

5. 2. 4　结论

具体对各影响因素进行分析，可得到如下结论：

（1）ln*GDP* 通过 1%的显著性水平检验，其系数为正，说明国内生产总值对研发投入存在正向影响；数值为 1. 100，也就是说，国内生产总值每增长一个百分点研发经费投入增加 1. 100 个百分点。东部省区的经济发展水平较高，带来了相对较高的研发经费投入。

（2）产业结构对研发投入的影响显著，起到了促进作用，在实证中表现为 ln*SCZB* 通过 1%的显著性水平检验，系数为正，数值为 0. 485，这表明第三产业比重每提高一个百分点研发经费投入增加 0. 485 个百分点。表现在我国不同省区中，即东部的广东、北京、上海等省市的产业结构相对较高（见表 5 - 4），研发投入也较多。2013 年北京、广东、上海 3 个省市第二、第三产业增加值占国内生产总值的比重分别是 99.2%、95.1%和 99.4%，高于全国平均水平 90.0%，这些省市制造业和服务业发达，企业为了在竞争中获胜必须加大研发投入，所以这些省市较倾向于开展更多的研发活动。

表 5 - 4　2009—2013 年广东、北京、上海第二、第三产业增加值占国内生产总值的比重

年度＼地区	北京市	广东省	上海市	全国
2009	99.0	94.9	99.3	89.7
2010	99.1	95.0	99.4	89.9
2011	99.2	95.0	99.3	90.0
2012	99.2	95.0	99.4	89.9
2013	99.2	95.1	99.4	90.0

（3）ln*FDI* 系数为负，通过 1%的显著性水平检验，这说明 *FDI* 对研发投入的抑制作用大于促进作用。一方面，外商直接投资设立的企业因为其技术水平较为先进，较难引起我国国内企业的模仿学习；另一方面，外商企业所表现出的竞争优势排挤了我国内资企业，从而对国内企业研发活动有所抑制。

（4）ln*ZFZJ* 的系数为正，通过 1%的显著性水平检验，说明政府对研发活动的资助带动了整体研发投入。数值为 0.258，也就是说政府对研发经费的资助每提高一个百分点全社会的研发经费投入就增加 0.258 个百分点。这说明我国当前企业的规模较小，研发条件不是很成熟，需要政府支持来为企业研发活动降低风险。

5.3　不同地区研发投入规模影响因素的差异比较

国内外学者认为，不同地区因为所处的工业发展阶段、社会经济文化等因素不同，所以存在研发投入规模上的差异。我国不同省区所处的工业发展阶段不同，在社会经济文化上也存在较大的差异，因而对不同省区进行分组，分析影响研发投入规模因素的差异，可以为我国不同省区科技政策的制定提供相应的建议。

5.3.1 样本分组及其研发投入规模的差异

2010 年前的《中国统计年鉴》一般将我国划分为三大区域，即东部、中部、西部，划分的主要依据是地理位置和经济发展水平。而 2010 年之后的《中国统计年鉴》，重新进行区域划分，将我国分为四大区域，即东部、中部、东北地区、西部，其中，东北地区有 3 个省区，即将原来划为东部地区的辽宁和中部地区的黑龙江与吉林放在了一起。本书在此采用的是 30 个省区（不含西藏）的面板数据。如果按四大区域来划分，就会出现其中一个分组的样本相对偏小的问题，因而本书在此仍采用东、中、西部三大区域划分法。根据《中国统计年鉴》三大区域划分法，这 30 个省区中，北京、天津、河北、上海、江苏、辽宁、浙江、福建、山东、广东和海南 11 省区（直辖市）归入东部地区；山西、安徽、江西、河南、吉林、黑龙江、湖北和湖南 8 省区归入中部地区；内蒙古、广西、重庆、四川、贵州、云南、陕西、甘肃、青海、宁夏和新疆 11 省区（直辖市）归入西部地区。

从表 4-3 和表 4-4 可以看到，2006—2012 年 30 个省区（不含西藏）的研发经费投入强度存在很大差异。30 个省区（不含西藏）的研发经费投入强度 2006—2012 年平均值，排在第一位的是北京，其强度为 5.49%；排在末位的是海南，其强度年平均值是 0.32%。从三大区域分布来看，东部地区中，研发经费投入强度排在前 11 位的有 8 个，分别是北京、上海、天津、江苏、浙江、广东、山东、辽宁；西部地区 11 个省区，研发经费投入强度排在后 11 位的有 7 个，分别是新疆、内蒙古、广西、云南、贵州、青海、宁夏。由此可见，东部地区的省区研发经费投入强度相对较大，而西部地区的省区研发经费投入强度相对较小。①

① 数据来源于《中国科技统计年鉴·2014》。

5.3.2 实证估计

本节沿用上一节的实证模型对 3 个地区分别进行回归分析。实证中指定分组（1）为东部地区，分组（2）为中部地区，分组（3）为西部地区。

本书在此用固定效应模型来对这 3 个分组分别进行实证估计。3 个分组整体方程估计得到的卡方值对应的 *P* 值都为 0.0000，说明整体方案通过了显著性检验，估计的效果也较为理想。最终得到的实证结果输出如表 5－5 所示。

表 5－5　　分组估计结果 1

VARIABLES	分组（1） ln*RDJF*	分组（2） ln*RDJF*	分组（3） ln*RDJF*
ln*GDP*	1.582*** (0.104)	0.705*** (0.129)	1.067*** (0.089)
ln*SCZB*	0.501* (0.258)	−0.196 (0.298)	0.452** (0.191)
ln*FDI*	−0.235** (0.101)	0.247* (0.143)	−0.123** (0.047)
ln*ZFZJ*	0.031 (0.086)	0.413*** (0.103)	0.228** (0.090)
Constant	−0.685 (0.899)	1.402 (1.231)	0.451 (0.946)
Observations	55	40	55
R－squared	0.976	0.930	0.962
Number of pro	11	8	11

注：括号内为标准误差，***代表 *P* 值<0.01，**代表 *P* 值<0.05，*代表 *P* 值<0.1。

影响因素分析：

1. 经济发展水平

在 3 个分组中，ln*GDP* 都通过了 1％的显著性水平检验，这说明在 3 个地区中经济发展水平对研发投入规模都有影响。3 个分组相应的系数分别为

1.582、0.705、1.067，这说明在东部地区、中部地区和西部地区 GDP 每增长一个百分点则研发经费投入分别增加 1.582 个、0.705 个、1.067 个百分点。由此可以看出，经济发展水平较高的地区对科技的重视度较高，把更多的资源投入了研发活动。

2. 产业结构

在东部地区，ln*SCZB* 通过 10%的显著性水平检验，且其系数为正，这说明产业结构越高研发经费投入规模越大。这些地区第三产业中通信、交通、信息、人工智能所占比重较大。这些领域对创新的需求较高，其在经济中的比重越大则研发活动越活跃。在实证中的表现是，第三产业比重每提高一个百分点研发投入规模增加 0.501 个百分点。在中部地区分组中，ln*SCZB* 并没有通过 10%的显著性水平检验。中部地区的省区第三产业主要由传统商贸和餐饮等服务业构成，这些传统服务业对研发的需求并不强烈，因此，在实证中没有表现出产业结构对研发投入的显著影响。在西部地区，第三产业比重反映的是产业结构由农业社会向工业社会的转化，这一过程也是研发活动增加的过程，在实证中就表现为第三产业比重对研发投入具有显著的正向作用，且第三产业比重每提高一个百分点研发经费投入就增加 0.452 个百分点。

3. 外商直接投资

ln*FDI* 在东、中、西部 3 组的实证中分别通过了 5%、10%和 5%的显著性水平检验，这说明外商直接投资在这 3 个地区对研发经费投入有影响。但是，在东部和西部地区的实证中，ln*FDI* 系数分别为－0.235 和－0.123，外商直接投资增加反而导致当地的研发经费投入减少，外商直接投资每提高一个百分点东部地区和西部地区的研发经费投入分别减少 0.235 个和 0.123 个百分点。这可能是因为：东部地区的产业发展达到了一定层次，内资企业的研发活动在一定程度上与外商直接投资的研发活动展开了竞争，争夺研发资源，这时外商直接投资的增加则意味着内资企业研发成本的增加；而西部地区产业水平过于弱小，外商直接投资的增加意味着内资企业的淘汰出局。中部地区 ln*FDI* 系数为 0.247，即中部地区外商直接投资每提高一个百分点研发经费投入会增加 0.247 个百分点；外商直接投资进入的产业可能大多恰好与中部地区产业形成上下游关系，从而外商直接投资会给当地企业带来技术升级的压力，对地区的研发起到促进作用。

4. 政府资助

ln$ZFZJ$ 在东部地区的实证中没有通过 10%的显著性水平检验，在中部地区和西部地区则分别通过了 1%和 5%的显著性水平检验。在东部地区的研发活动中，企业的主体地位相对明显，政府的研发资金资助在一定程度上形成了对研发资源的争夺，反而抑制了企业研发经费的投入。在中部和西部地区，政府的研发资金资助则改善了研发活动的基础条件，能诱导企业增加研发经费投入。中部和西部地区实证中，ln$ZFZJ$ 的系数分别为 0.413 和 0.228，说明在中部和西部地区政府资助每提高一个百分点分别能使研发投入规模增加 0.413 个和 0.228 个百分点。

6 研发投入对经济增长的作用分析

我国研发投入是否取得了相应的回报?科技是否已经发挥了对经济的巨大推动力?经济发展是否摆脱了粗放型的模式?研发投入在不同省区所取得的效果是否相同?针对这些问题，本章将考察研发投入是如何作用于经济增长的，并对研发投入在我国经济增长中的作用进行实证分析；探讨不同地区进行相同的研发投入经济增长所取得的收益却不同的原因，并试图找出不同地区研发投入的经济收益不同的主要原因，以提供优化研发投入的对策。

6.1 研发投入对经济增长的作用机制分析

20 世纪 60 年代就有经济学家提出研发是促进生产率提高的重要因素。内生经济增长理论将研发引入经济增长模型，认为研发活动能带来技术进步，从而推动经济增长。研发推动经济增长主要有如下途径：

6.1.1 技术创新

首先表现为工艺创新，即生产工艺得到改进或产生新的生产工艺。在不改变原材料投入的情况下，工艺创新可以使劳动者生产同样的产品所需的工序优化，从而单位时间的产出得以提高。

其次表现为新设备的产生，即通过研发活动研发出来的新机器设备可以替代部分人力劳动，使劳动者的生产效率得到提高，或者减少劳动力的使用。

再次表现为新材料的使用，即生产过程中使用新的替代材料，减少甚至是替代原材料使用。这种替代材料更易取得、价格更低，这样单位的产品劳动成本也会减少。

最后表现为产品创新，即在研发活动中产生了一些前所未有的新产品。例如，研发出来的计算机和网络，提供了生产自动化的渠道，大大提高了生产效率，让人们的生活变得便捷和丰富多彩，表现为社会财富的增加。此外，产品创新还主动创造出人们新的需求，而这种需求又对经济增长产生推动力。

6.1.2 提高人力资本

在研发活动中，生产新的机器设备或对已有设备进行升级改造，能极大提高资本品的生产效率和技术水平。同时，劳动者通过“干中学”积累知识和经验，有助于提高自身的劳动素质。这表现为人力资本得到提高，而人力资本的提高最终又推动着劳动生产率的提高。

6.1.3 技术溢出效应

技术溢出是指在经济活动中先进技术从拥有者向外界传播的过程。在研发活动中，产生的技术创新是非独占性和非排他性的。企业或个人通过研发活动获得的技术创新可以被别的企业或个人模仿，从而带来整个社会技术水平的提高。现有的研究表明，企业研发活动中产生的技术创新所带来的社会收益远远大于企业自身的收益。而且，只有通过溢出效应，技术创新被社会上的大部分企业所吸收后，才能明显地对经济增长产生促进作用。在这个过程中，整个社会的研发收益大于单个企业的研发收益，对经济增长的推动作用表现得十分明显。

6.2 我国研发投入总量与经济增长关系的实证分析

本节利用我国相关的面板数据就研发投入对经济增长的作用进行实证分析。

6.2.1 模型设定

基于柯布-道格拉斯生产函数：

$$Y = F(K, L) = AK^{\alpha} L^{\beta} \tag{6-1}$$

本书引入研发投入变量 R，因此，式（6-1）变为：

$$Y = F(K, L, R) = AK^{\alpha} L^{\beta} R^{\rho} \tag{6-2}$$

其中，Y 表示产出，K 表示物质资本投入，L 表示劳动力投入，R 表示研发投入，A 表示除物质资本、劳动力和研发投入之外的其他影响因素。

本书通过中国不同地区的面板数据对研发投入与地区经济增长的变动关系进行考察，为了消除异方差，将各变量对数化，得到的计量模型如下：

$$\ln Y_{it} = a + \alpha \ln K_{it} + \gamma \ln L_{it} + \rho \ln R_{it} + \varepsilon_i \tag{6-3}$$

在式（6-3）中，$a = \ln A$ 为常数项，代表除物质资本、劳动力、研发投入之外的其他影响因素；ε 为方程扰动项；i 表示地区；t 表示时间。

6.2.2 变量说明

在数据收集上，西藏自治区的全社会固定资产投资总额无法查到，因此，本书选取了 30 个省、区、直辖市（不含西藏）2000—2012 年的面板数据。本书在变量数据的选取上做了如下处理：

总产出（Y_{it}）用各地区的生产总值来表示，即在式（6-3）中用 $\ln GDP_{it}$表示 $\ln Y_{it}$，则式（6-3）变为：

$$\ln GDP_{it} = a + \alpha \ln K_{it} + \gamma \ln L_{it} + \rho \ln R_{it} + \varepsilon_i \tag{6-4}$$

劳动力（L_{it}）用各地区年末就业人数来代表，物质资本投入（K_{it}）用各地区全社会固定资产投资总额来表示。各地区生产总值、年末就业人数、全社会固定资产总值数据均来源于各年度的《中国统计年鉴》。

研发投入（R_{it}）用各地区研发经费来表示，数据来源于各年度的《中国科技统计年鉴》。

为了剔除价格波动的影响，以 2000 年为基期，采用国内生产总值指数对国内生产总值进行价格平减处理，而用固定资产价格指数对全社会固定资产投资总额和研发经费进行价格平减处理，因为研发经费中有相当部分是以固定资产的形式存在的。

6.2.3 估计过程和结果

在估计之前，首先进行多重共线性检验，这是为了避免多重共线性带来的偏误：在整体方程通过显著性检验并有较大的 R^2 的情况下，单个系数的 t 值低，即产生第Ⅱ类错误的可能性增加，或者单个系数估计值的精度很低。在此采用膨胀因子对多重共线性进行检验，得到的检验结果见表 6－1。

表 6－1　　多重共线性检验结果 2

变量	*VIF*	1/*VIF*
$\ln K$	5.28	0.189424
$\ln R$	4.38	0.228309
$\ln L$	1.81	0.551901
平均 *VIF*	3.82	

多重共线性结果中，最大的 *VIF* 为 5.28，平均 *VIF* 为 3.82，这离 *VIF* 经验判断值 10 较远，所以不必担心多重共线性问题。

面板数据的估计一般采取 3 种模型，即混合回归模型、随机效应模型和固定效应模型，其中，后两者都承认存在个体效应，而混合回归模型假设不存在个体效应，所有样本都采用完全一样的回归方程。在决定是否采用混合回归模型时，可以进行统计检验。本书具体的做法是在固定效应回归时不采用聚类稳健标准差，则结果输出中包含一个 F 检验。F 检验的原假设是“H_0 ∶ all $u_i=0$”，即可以接受混合回归。

本书在此不使用聚类稳健标准差进行固定效应回归，结果见表 6－2。在检验结果中，F 检验的 P 值为 0.0000，强烈拒绝原假设，即不接受混合回归，这说明不同省区存在着个体效应，这种个体效应也就是方程中未纳入的变量因素对产出产生的影响。

表 6-2　　对混合回归的检验 1

原假设	H_0 : all $u_i=0$
F 值	227.29
P 值	0.0000

这种个体效应是否与解释变量相关，决定了估计过程中究竟是采用固定效应模型还是随机效应模型。如果这种个体效应与解释变量相关，则应采用固定效应模型，否则采用随机效应模型。具体采用这两种模型中的哪一种，可以进行豪斯曼检验。此处进行豪斯曼检验，得到的结果见表 6-3。

表 6-3　　豪斯曼检验结果 2

原假设	系数的不同是非系统性的
卡方检验统计量	42.34
P 值	0.0000

在表 6-3 中，P 值为 0.000，可以在 1%的显著性水平下拒绝原假设，即可以接受固定效应模型。同时，也说明解释变量影响到这种个体效应。

在研发投入与经济增长的估计中，还有一个重要的问题需要注意，即研发投入与 GDP 相互作用所产生的内生性问题。为克服这个问题，估计方法采用工具变量法，将滞后一期的对数研发投入作为对数研发投入的工具变量。

采用工具变量法的固定效应模型估计出来的 R^2 为 0.980，且在回归方程的显著性检验中，卡方检验值对应的 P 值为 0.0000，这说明回归方程拟合较好。回归方程各参数估计结果见表 6-4。

6.2.4　简要结论

由表 6-4 可以看到：

(1) $\ln R$ 的系数估计值在 1%的显著性水平下通过 t 检验，具有统计意义。其数值为 0.277，即研发投入的弹性为 0.277，这说明研发投入每增加一个百分点 GDP 增长 0.277 个百分点。这一面板数据说明，研发活动在我国取得了预期效果，其对经济增长产生了促进作用。

表 6-4　　研发投入与 GDP 固定效应模型估计结果

VARIABLES	ln*GDP*
ln*R*	0.277*** (0.027)
ln*K*	0.273*** (0.021)
ln*L*	0.601*** (0.078)
Constant	−1.773*** (0.434)
Observations	300
R-squared	0.911
Number of prov	30

注：括号内为标准误差，***代表 *P* 值<0.01，**代表 *P* 值<0.05，*代表 *P* 值<0.1。

（2）ln*K* 的系数估计值在 1%的显著性水平下也通过了 *t* 检验，具有统计意义。其数值大小为 0.273，即物质资本 *K* 的弹性为 0.273，这说明物质资本 *K* 每增加一个百分点 GDP 增长 0.273 个百分点。这一面板数据说明，物质资本投入在我国经济增长中仍占有比较重要的地位，增加物质资本投入可以带来较快的经济增长。这也可以解释为什么当前各地区都一时不可能摆脱靠增加物质资本投入来促进经济增长的情况。

（3）ln*L* 的系数估计值也通过了 1%的显著性水平检验，具有统计意义。其数值为 0.601，即劳动力投入的弹性为 0.601，这说明劳动力投入每增加一个百分点 GDP 增长 0.601 个百分点。由此可见，劳动力投入是我国当前经济增长的首要因素。

（4）ln*L* 的弹性>ln*R* 的弹性>ln*K* 的弹性，即劳动力投入的弹性大于研发和物质资本投入的弹性，而且其数值为 0.601，远远大于研发和物质资本投入的弹性（二者数值分别为 0.277 和 0.273）。从这个数值可以看出，我国 2000—2010 年的经济增长最主要还是依赖劳动力投入。并且，我国当前劳动力基数大，就业问题成为一个影响经济和社会稳定的重要问题。这是我国在发展经济的过程中要面对的特殊问题。这一国情决定我国在经济发展过程中不能忽视劳动力投入。在寻求经济增长方式转变的过程中，在发挥科技进步力量的同时，我国也要充分利用劳动力资源，积极实现农村剩余劳动力的转移，发挥其对经济增长的促进作用。如果断然从劳动力依赖型过快过渡到资本或技术依赖型发展模式，既不能充分利用我国的劳动力资源，也会减少就业人口，会带来影响经济和社会稳步发展的就业问题。另外，在研发过程中，也要注意与劳动力资源相结合，走技能偏向型的技术进步路径（林毅夫，2004）。只有这样，才能用较少的研发投入来获得较快的技术进步速度，同时也可避免在资本偏向型技术进步的情况下就业人口减少的问题。

6.3 不同地区研发投入与经济增长关系的实证分析

人们发现，不同地区研发投入在经济增长中的作用存在差异，一些地区进行了研发投入并取得了超预期的效果，另一些地区却很难将研发投入转化为实际的经济增长。

我国地理面积大，各省区有着不同的自然条件、社会文化和经济发展基础，在经济结构上也存在着非常大的差异，因此，在经济发展过程中，劳动力、物质资本、研发投入这些不同要素在其中发挥的作用可能存在差异。研发投入在我国不同省区的表现如何，这是需要弄清的问题，因此，有必要区分不同区域劳动力、物质资本、研发投入在经济增长中的作用。

6.3.1 研发投入在不同地区的表现差异性的机理分析

一般认为不同地区研发投入对经济增长的作用具有不同的表现，主要原因如下：

1. 各个地区所进行的研发活动的性质

在短期来看，基础研究主要是探求理论知识，基础研究获得的成果还要经过应用研究及试验研究才能转化为现实的生产力，因此，基础研究对经济的推动作用表现得不是那么明显和直接，而试验发展是将科技转化为应用的活动，对经济增长的作用表现得很明显。因此，短期内侧重于试验研究的地区比侧重于基础研究的地区研发对经济的推动作用表现得更明显。

2. 当地的经济特征

当地的一些经济特征，如企业的规模和经济寿命、产品类型、企业所有制结构、企业间的相互联系程度等，对研发绩效都会产生一定的影响。整体而言，高技术产业比劳动密集型产业更容易从研发活动中获益，企业间竞争的激烈程度也会对研发活动产生影响。

3. 国际贸易活跃程度

一个国家参与国际贸易的程度在某种程度上反映了其经济的开放度，这对其研发绩效有很大的影响。首先，先进的机器设备是研发的产物，进口先进的机器设备，可以通过学习、模仿这些产品而获得技术上的提高；其次，进口外国先进的机器设备和其他产品，会对国内的同类新产品产生冲击，对这些产品生产企业形成压力，使国内企业积极投入研发活动，寻求产品生产技术的突破；再次，产品出口的企业，面对国际市场上的同类产品，也就取得了学习的机会，并且为了取得产品竞争力，必定想在产品质量或功能上形成一定优势，这就会加强企业的研发活动；最后，国际贸易提供了信息交流的渠道，通过生产技术、组织管理等方面的学习，国内企业可以提高单位投入的产出效率。

4. 外商直接投资

外商直接投资通过示范效应、人才流动、产业的前向及后向关联效应影响到东道国的研发绩效。东道国企业经过学习和模仿外商直接投资企业主动展示或其生产活动中展示的操作及管理知识，从而可以提高自身研发活动的绩效。研发人员从外商直接投资企业流向东道国企业，能带来相对成熟的理念和较先进的研发水平及组织管理经验，这就有益于东道国企业研发绩效的提高。此外，外商直接投资带来的竞争效应也提高了东道国的研发绩效：面对外商直接投资企业带来的竞争压力，国内企业不得不想方设法提高技术水平和管理效应，而竞争对低绩效企业的淘汰，也提高了整个市场的研发绩效。

5. 人力资本

一个地区的人力资本能提高该地区自主创新的能力：一方面，研发人员是创新的主体，研发人员的人力资本是研发活动的投入要素，而且是研发投入的关键因素，人力资本越高的地区越容易产生创新；另一方面，工人所具备的人力资本也有助于创新成果转变为产品的效率，并且工人所具备的人力资本与他们的“干中学”相联系，人力资本越高，工人的学习能力越强，越有可能在生产过程中实现技术和产品的创新。此外，一个地区的人力资本水平也影响着该地区对技术溢出的学习和吸收能力。罗默模型告诉我们，一些国家人力资本太低是没法产生经济增长的。

6.3.2 实证过程

我国不同省区在对不同性质研发的侧重、社会经济特征、外商直接投资、人力资本等方面存在较大差异，那这些不同是否对研发的产出产生了影响呢？在此，本书进一步对样本进行分组，按照 5.3 中的方法将样本分为东部、中部、西部 3 个组，分别考察研发投入及其他要素在经济增长中所发挥的作用。另外，分组的目的也在于考察在不同经济发展水平下劳动力、物质资本、研发投入这些不同要素对经济增长的贡献。

实证模型沿用 6.2 模型式（6 - 4），即：

$$\ln GDP_{it} = a + \alpha \ln K_{it} + \gamma \ln L_{it} + \rho \ln R_{it} + \varepsilon_i$$

在模型中，R_{it} 在东部、中部、西部地区分组中对应组内省区的研发经费内部投入。实证中指定分组（1）为东部地区，分组（2）为中部地区，分组（3）为西部地区。

由 6.2 的统计检验，本书在此用固定效应模型来分别对这 3 个分组进行实证估计。各分组估计的效果较为理想，这 3 个组整体方程估计得到的卡方值对应的 P 值都为 0.0000，说明整体方程通过了显著性检验。物质资本、研发投入、劳动力投入的系数在 10%的显著性水平下都通过了检验，而且拟合后得到

的 R^2 分别为 0.950、0.890、0.910，拟合效果较好。得到的参数呈现见表 6 - 5。

表 6 - 5　　　　分组估计结果 2

VARIABLES	分组（1） lnGDP	分组（2） lnGDP	分组（3） lnGDP
lnR	0.344*** (0.034)	0.241*** (0.053)	0.204*** (0.067)
lnK	0.213*** (0.029)	0.282*** (0.039)	0.356*** (0.041)
lnL	0.534*** (0.086)	0.557** (0.248)	0.671* (0.362)
Constant	−1.533*** (0.442)	−1.097 (1.649)	−2.126 (2.104)
Observations	110	80	110
R - squared	0.950	0.890	0.910
Number of prov	11	8	11

注：括号内为标准误差，***代表 P 值<0.01，**代表 P 值<0.05，*代表 P 值<0.1。

6.3.3 实证结果分析

对表 6 - 5 进行分析，可得到如下结论：

（1）物质资本、研发投入、劳动力投入这三者对数的系数在 10%的显著性水平下都通过了检验，系数估计值都为正，这说明在东部、中部、西部地区经济增长过程中物质资本、研发投入、劳动力投入都对产出产生了正向的作用。正如在全国样本中所看到的一样，在东部、中部、西部 3 个地区中，劳动力投入的弹性远大于物质资本和研发投入弹性，这再次印证了我国在 2000—2010 年这一时期经济增长首先依赖的是劳动力投入。

（2）在东部地区，弹性大小依次排序为劳动力、研发投入、物质资本投入，分别为 0.534、0.344、0.213，这说明在对东部地区经济增长产生影响的因素中劳动力投入也是首要的，其次是研发投入，最后是物质资本。这也验证了前面的分析，再次说明我国的经济增长不能脱离劳动力投入。但与全国

30个省区的样本相比，劳动力弹性由0.601下降为0.534，物质资本的弹性也由0.273下降为0.213，研发投入弹性由0.277上升为0.344，这说明东部地区的经济增长模式开始从以物质资本和劳动力投入为主要依靠向以科技进步为主要依靠转变，研发投入对于经济增长的促进作用得到了较好发挥。

（3）在中部地区，弹性大小依次排序为劳动力、物质资本和研发投入。其中，劳动力的弹性是0.557，高于东部地区的0.534，低于西部地区的0.671；物质资本投入的弹性是0.282，也高于东部地区的0.213，低于西部地区的0.356；研发投入弹性则恰好相反，其数值为0.242，低于东部地区的0.344，高于西部地区的0.204。这反映出中部地区经济发展正好处于东部地区和西部地区的中间阶段，中部地区经济增长对劳动力投入的依赖程度正逐渐减轻，转向依赖物质资本和研发投入。

（4）在西部地区，劳动力投入的弹性是0.671，远高于物质资本和研发投入的0.356和0.204。这一数值高于东部地区和中部地区，也高于全国样本，说明西部地区的经济增长主要依赖于劳动力投入。

6.3.4 实证结果的进一步讨论

1. 东部地区研发投入弹性相对大的原因

首先，东部地区有较好的经济发展条件，东部地区一向注重研发投入，东部五省区研发经费投入占全国比重的一半以上（见表4-3），因而其研发活动具有较雄厚的财力支持。此外，东部地区也吸引了全国优秀的科技人才，这为东部地区开展研发活动提供了较好的人才条件。2000年，全国研发人员按全时当量计算为922131人/年，东部、中部、西部分别占55.4%、24.3%、20.3%；2010年全国研发人员增加到3542244人/年，东部、中部、西部分别占64.2%、21.5%、14.3%，出现研发人员向东部集中的趋势。同时，高学历的研发人员也集中在经济发达的东部地区。2010年，全国研发人员具有博士学位的有201728人，其中，东部地区有132877人，占比65.9%；具有硕士学位的研发人员495133人，其中，东部地区有305116人，占比61.6%。① 东部地区的这些

① 数据根据《中国科技统计年鉴·2011》计算得来。

经济、技术和人才条件优势，使其易于激发创新，形成较多的创新成果，并能将这些创新成果运用到实际经济活动中，形成对经济增长的推动力。

其次，从技术溢出角度分析，外商直接投资对技术吸引有明显的促进作用，即一个地区外商直接投资越多，技术溢出效应越大，越容易吸收外来的先进技术。我国科技水平相对落后于欧美发达国家，在改革开放中不断学习外国先进的科学技术。东部地区是我国改革开放较早的地区，通过政策优惠吸引了大量的外商直接投资，这些外商直接投资为当地经济的发展起到了极大的推动作用，也改善了当地的市场环境，提升了当地的技术水平和人力资本，在一定程度上形成了“马太效应”。表 6 - 6 中，东部地区的外商投资企业投资总额在 2000—2010 年一直遥遥领先，从 6817.22 亿美元增加到 21440.2 亿美元，增长了 3.15 倍；中部和西部地区两者总和相对于东部地区的比例从 2000 年的 17.9%上升到 2010 年的 21%，上升幅度并不是很大。

表 6 - 6　2000—2010 年我国东部、中部、西部地区外商投资企业投资总额及相对比例

年度	项目	东部地区	中部地区	西部地区	中部和西部地区总和
2000	外商投资企业投资总额（亿美元）	6817.22	721.87	499.54	1221.41
	相对比例（%）	100	10.6	7.3	17.9
2001	外商投资企业投资总额（亿美元）	7315.08	680.53	522.92	1203.45
	相对比例（%）	100	9.3	7.1	16.5
2002	外商投资企业投资总额（亿美元）	8132.51	869.91	565.99	1435.9
	相对比例（%）	100	10.7	7.0	17.7
2003	外商投资企业投资总额（亿美元）	9169.01	983.36	635.57	1618.93
	相对比例（%）	100	10.7	6.9	17.7
2004	外商投资企业投资总额（亿美元）	10686.6	1144.57	768.38	1912.95
	相对比例（%）	100	10.7	7.2	17.9

续 表

年度	项目	东部地区	中部地区	西部地区	中部和西部地区总和
2005	外商投资企业投资总额（亿美元）	12412.4	1356.1	866.05	2222.15
	相对比例（%）	100	10.9	7.0	17.9
2006	外商投资企业投资总额（亿美元）	14354	1697	1020	2717
	相对比例（%）	100	11.8	7.1	18.9
2007	外商投资企业投资总额（亿美元）	17369.3	1976.59	1275.65	3252.24
	相对比例（%）	100	11.4	7.3	18.7
2008	外商投资企业投资总额（亿美元）	19014.8	2005.66	1591.02	3596.68
	相对比例（%）	100	10.5	8.4	18.9
2009	外商投资企业投资总额（亿美元）	20036.8	2229.78	1758.38	3988.16
	相对比例（%）	100	11.1	8.8	19.9
2010	外商投资企业投资总额（亿美元）	21440.2	2521.82	1984.4	4506.22
	相对比例（%）	100	11.8	9.3	21.0

注：数据根据《中经网统计数据库》整理，西部地区合计数不含西藏。

外商直接投资在东部地区的聚集，为这一地区产生较大的技术溢出效应提供了基础。东部地区在研发活动中可以模仿和吸收这些先进的生产技术和管理经验，从而提高生产效率，推动经济发展。

而中部、西部地区基础设施和软环境的不足，制约了外商直接投资的进入。尤其是西部地区，经济基础比较落后，这导致在交通通信等基础设施上投入不足；人才外流比较严重，中高级技术人才和管理人员比较缺乏；制度环境比较僵化，办事效率较低，外商直接投资落户需要付出较高的成本和较长的时间，往往会错失招商外资的良机。

再次，从成果转化角度分析，东部地区要素市场发育相对成熟，尤其是在技术要素市场，其相对于中部地区和西部地区发展得较快，见表 6－7 和下图。

表 6－7　2000—2010 年东部、中部、西部地区技术市场成交合同金额及占比

年度	项目	全国	东部地区	中部地区	西部地区
2000	合同金额（万元）	6507519	4515047	1133795	858677
	占比（%）	100	69.4	17.4	13.2
2001	合同金额（万元）	7827489	5661567	1186213	979709
	占比（%）	100	72.3	15.2	12.5
2002	合同金额（万元）	8841713	6500517	1230890	1110306
	占比（%）	100	73.5	13.9	12.6
2003	合同金额（万元）	10846727	7995226	1386526	1464975
	占比（%）	100	73.7	12.8	13.5
2004	合同金额（万元）	13343630	10188850	1551098	1603682
	占比（%）	100	76.4	11.6	12.0
2005	合同金额（万元）	15513694	12374906	1749560	1389229
	占比（%）	100	79.8	11.3	9.0
2006	合同金额（万元）	18181813	14131469	1784865	1517580
	占比（%）	100	77.7	9.8	8.3
2007	合同金额（万元）	22265261	17360729	2216648	1618597
	占比（%）	100	78.0	10.0	7.3
2008	合同金额（万元）	26652288	20584358	2499981	2145274
	占比（%）	100	77.2	9.4	8.0
2009	合同金额（万元）	30390024	23454532	2776089	2375111
	占比（%）	100	77.2	9.1	7.8
2010	合同金额（万元）	39065753	29654694	3174232	3464842
	占比（%）	100	75.9	8.1	8.9

注：数据根据各年《中国科技统计年鉴》整理，全国及西部地区合计数据均不含西藏。

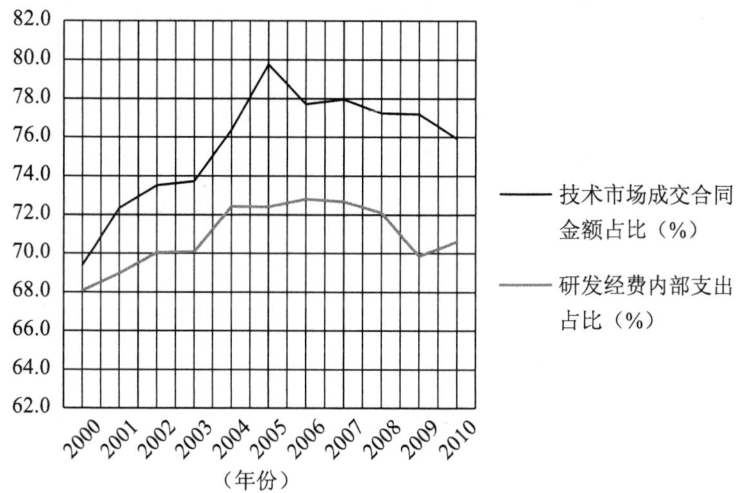

2000—2010 年东部地区研发经费内部支出与技术合同成交金额在全国所占比重的比较

从表 6-7 可以看出，东部地区技术市场成交合同金额在全国所占的比重较大，各年份均在 69.4%以上，而且在波动中有向上攀升的趋势，在 2010 年上升为 75.9%，在 2005 年甚至达到 79.8%。上图显示，相较于研发经费内部支出的比重，东部地区技术市场成交合同金额的比重更高，而且两者的差距由 2000 年的 1.3%扩大到 2010 年的 5.3%，这说明东部地区技术市场成交合同的增加一方面是由研发投入增加带来的，另一方面是因为这一地区技术市场发育得较快。技术要素市场的发育也为技术成果转化为直接的生产力提供了一个顺畅的渠道，这些是研发投入在东部地区弹性较大的原因。

最后，从国际贸易的角度分析，我国东部地区是改革开放的前沿阵地，其在外贸进出口总值中的比重远远大于中部地区和西部地区。2013 年，全国货物进出口总额排在前列的省市属于东部地区的有广东、江苏、上海、浙江、山东、福建、北京、天津、辽宁，它们的货物进出口总额占全国的 84.9%①。活跃的外贸活动给东部地区带来了吸引国际技术溢出的机会，从而促进了研发绩效的提高。此外，外贸方式和外贸市场结构的不同，也使不同区域在国

① 数据根据《中国统计年鉴·2014》计算得出。

际贸易中所吸收到的技术溢出产生差异，从而对地区的研发效应产生不同的影响。在外贸方式上，东部地区以加工贸易为主，而中部和西部地区以一般贸易为主。在加工贸易中，加工企业学习跨国公司的技术、管理经验等，吸收技术溢出效应，同时通过人力资本的培训和流动，对国内同行业企业的技术能力起到推动作用。而一般贸易主要集中于劳动密集型产品，附加的技术含量较低，不像加工贸易中的高科技产品能产生较多的技术溢出效应。在外贸结构上，这三大区域也存在着明显的差别。出口商品结构，东部地区工业制成品的出口比重大于中部地区和西部地区，后两者的初级产品的出口比重高于全国平均水平。外贸市场结构中，主要的贸易伙伴是美国、日本、中国香港、韩国、中国台湾等，与发达国家或地区的贸易关系，使得东部地区更易于从外贸中吸收到技术溢出，从而促进本地区研发绩效的提高。与东部地区不同的是，西部沿边省区的外贸中，与邻国的贸易占有相当大的比重。例如，越南是广西最大的贸易伙伴，在2013年广西同主要国家（地区）进出口商品总值中，就可以看出越南就是广西首要的贸易伙伴，与其的贸易比重达到38.7%，远远高于与美国的贸易占比（7.5%）①；新疆的主要贸易伙伴为哈萨克斯坦、吉尔吉斯斯坦、塔吉克斯坦、美国、乌兹别克斯坦、俄罗斯，其中，哈萨克斯坦占绝对优势，在2012年新疆与各国（地区）海关进出口总额中，哈萨克斯坦的比重就占了44.4%，而美国仅占4.1%②。

2. 西部地区研发弹性相对较小的原因

西部地区的工业化滞后于东部地区和中部地区。西部地区农业比重较大。在农业生产过程中，劳动力投入是首要因素，发挥的作用最大。而就研发投入对经济增长的弹性作用来说，研发投入在第二和第三产业中发挥的作用较大，特别是高技术产业的研发活动，对产出的增加作用是最明显的。西部地区第二、第三产业的发展水平均落后于东部地区和中部地区，因此，研发对其经济增长的作用弹性相对较小。

同时，企业研发投入较多投入试验发展，这样带来的经济效益较为明显，

---

① 数据根据《广西统计年鉴·2014》计算得出。

② 数据根据《新疆统计年鉴·2013》计算得出。

因此，企业的研发投入弹性比高校和研究开发机构的稍大。西部地区的企业研发在全社会研发中所占比重较小，由表6－8可以看出，西部地区大中型企业的研发经费占该地区研发经费的比重比东部地区和中部地区小得多，因此，西部地区的研发投入弹性小于东部地区和中部地区。

表6－8　2007—2010年东部、中部、西部大中型企业研发经费内部支出及占比

年度	地区	研发经费内部支出（万元）	大中型企业研发经费内部支出（万元）	大中型企业研发经费内部支出占比（%）
2007	东部地区	26961266	15681082	58.2
	中部地区	5727395	3380910	59.0
	西部地区	4406811	2062569	46.8
2008	东部地区	33276660	22838021	68.6
	中部地区	7475276	5108620	68.3
	西部地区	5396017	2784662	51.6
2009	东部地区	40522180	23064933	56.9
	中部地区	10249424	5868186	57.3
	西部地区	7234460	3169181	43.8
2010	东部地区	49868652	28777880	57.7
	中部地区	12014459	7441733	61.9
	西部地区	8728108	3934352	45.1

6.4　简要小结

本章首先分析了研发投入对经济增长产生的作用，并指出因为门槛效应的存在，在一些研发经费投入强度较小的地区，研发活动并没有取得多大的经济效果。并且，在不同地区，因为研发经费的来源、使用的主体以及使用性质不同，研发投入产生的效果也不一样。随后，在实证当中，先用2000—2010年我国30个省区的面板数据做固定效应回归，说明我国研发投入对经济增长有显著的促进作用，其对数系数估计值为0.277，即研发投入每增加一个百分点 GDP 相应地增加 0.277 个百分点。同时，可以看到劳动力投入的弹性为 0.601，即劳动力每增加一个百分点 GDP 增加 0.601 个百分点。从这里来看，劳动力投入在我国经济增长中的作用还是首要的。这给我们启示：在随后一段时期，我国的经济增长还要充分利用我国相对丰富的劳动力资源，在研发活动中也要注意与劳动力资源相结合，主要走技能偏向型的技术进步。

在对我国 30 个省区的分组估计中，研发投入的弹性是不同的，其在东部地区最大，中部次之，西部最小，这在一定程度上印证了不同地区经济社会条件不同而使得研发投入效果不同这一假设。

在具体的分析中，我们可以看到，研发投入对经济增长的作用东部地区相对于中部地区和西部地区较大，其主要原因：一是东部地区外商直接投资产生了较大的技术溢出效应，从而当地的研发活动容易吸引到外来技术；二是技术市场在东部地区发育得较快，这有利于研发成果向直接生产力转化。

西部地区由于工业化阶段较东部地区和中部地区落后，其企业研发在全社会研发中所占比重较小，其大中型企业的研发经费占该地区研发经费的比重小于东部地区和中部地区 11.4%以上，因此，西部地区研发作用的弹性小于东部地区和中部地区。

7　研发投入对经济结构的作用分析

研发活动在促进经济增长的同时通过不同的途径对经济结构特别是产业结构、地区结构产生深刻的影响。本书在对研发活动作用于经济结构的途径进行理论分析后，着重对研发活动对三次产业结构和地区结构的影响进行实证考察。

7.1　研发影响经济结构的途径

研发影响经济结构的主要途径如下：

7.1.1　技术进步

研发对经济结构产生影响的最直接的途径就是促进技术进步，而技术进步又推动经济结构优化。图 7-1 演示了研发通过技术进步作用于经济结构的过程。

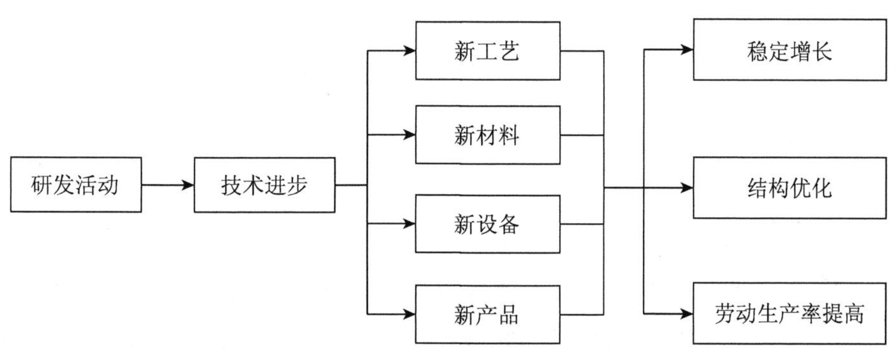

图 7-1　研发活动对经济结构作用的途径

第一，研发活动产生的新工艺和新产品带来了不同部门劳动生产率的相对变化。不同企业和产业之间技术水平的不同决定了它们之间劳动生产率的不同，形成相互不同的生产技术结构。当技术在某些部门取得进步后，工艺改进或新产品出现，其相对劳动生产率便得到提高，社会的生产要素就从其他部门向这些部门转移，原有的生产技术结构和生产要素投入结构因此被打破。随着先进的生产技术通过主导产业的扩散而应用于其他部门，技术结构又达到一个新的平衡，这时便达到了产业结构的一个新稳态。由此可见，部门之间相对劳动生产率的变化引发了产业结构的变动和升级，这种相对劳动生产率变动的速率也会反映到产业结构变动的速率上，而产业结构的变化也相应地产生了就业结构等一系列经济结构的变化。

第二，在研发活动中获得的技术进步不断开拓了新能源、新材料，丰富了劳动对象，引起了产业部门的细化，促使新兴产业部门出现。

第三，技术进步还不断创造出人们新的需求，催生新产品，典型的例子就是信息产业。近年来信息产业在通信设备上的突破使得人们对新的信息产品如移动通信设备产生了极大的兴趣，形成了新的需求，对消费结构产生影响。

20 世纪 90 年代美国实施的“信息高速公路计划”就是研发作用于经济结构的较好的例子。1993 年 9 月，美国政府宣布实施名称为“国家信息基础设施”（National Information Infrastructure，NII）的高科技计划。犹他州作为贫穷、落后的高原内陆率先制订了本州的“信息高速公路”计划，通过一系列的扶持措施，以软件谷为代表的信息产业得到快速发展，成为犹他州的一个经济增长极。这也在一定程度上改变了美国的地区发展格局。

7.1.2 研发投入结构

1. 直接的资金资助

研发资金资助在不同产业上的投资比例会直接影响不同产业的发展，从而对产业结构的变动产生作用。例如，各国一向注重高新产业的发展，通过资金支持形成研发投入向高新产业的倾斜，这必然会带来高新产业的快速发展。而在地区结构上，一个国家内各地区研发资金资助的比重差异也成为各地区经济发展快慢的一个重要影响因素。

2. 研发税收减免

世界各国为了激励企业增加研发投资，出台了研发税收减免政策，而近年来许多国家更是扩大了研发税收减免政策所覆盖的范围和幅度。美国在2009年和2011年的《美国创新战略》中都提出要对研究和试验进行税收减免。英国长期以来对企业研发实行税收减免，中小企业只要达到条件则其研发支出便可相应地享受税收减免，税收减免额度为研发开支的150%，大企业的为125%，在2011年和2012年英国又分别将小企业的税收减免额度提高到200%和225%。① 我国则实行了研发费用加计扣除政策。

类似的研发税收减免，一方面激发了研发活动的开展，大大推动了技术创新步伐；另一方面针对某些企业和产业的研发税收减免政策，降低了它们的运营成本，加强了它们的竞争力，也刺激了它们的产品供给力，从而带来生产要素向这些企业的流动，在一定程度上对经济结构也产生了调整作用。

3. 面对创新产品的政府采购

除了税收减免，世界各国还积极通过政府采购来支持新技术产品的开发。美国积极鼓励政府部门购买新能源汽车，2010年美国联邦政府部门采购的混合动力车比2009年增加了一倍。② 欧盟议会投票通过的《欧盟公共采购政策的现代化》报告建议公共采购积极面向新技术产品。这些面向创新产品的政府采购扩大了相应产品的需求，有利于激发新技术的研发投入，也带来了生产结构和消费结构的变化。

7.2 研发投入对产业结构变动的实证分析

研发投入在促进经济增长的同时也对产业结构产生了较大的影响。在这一部分，本书采用中国的数据对研发投入在三次产业比例变动中的作用展开分析。

---

① 《世界各国促进企业创新政策一览》，《科技日报》2012年6月1日第8版。

② 同上。

7.2.1 对我国三次产业结构变动影响的初步考察

衡量产业结构时主要有两种指标：一种是用各产业的生产要素投入（如劳动力、资金）的数量对比来表示产业结构，即从资源配置的对比上说明产业结构；另一种是用各产业产出（如增加值、实物量）的数量对比来表示产业结构，即从经营活动的成果对比上说明产业结构。

我国三次产业的劳动力投入统计数据是比较完整的。本书根据三次产业劳动力投入在劳动力总体投入中的占比来计算产业结构，得到的数据如表 7－1 所示。

表 7－1　　1952—2013 年中国产业结构变动情况

年度	就业人员：第一产业占比（%）	就业人员：第二产业占比（%）	就业人员：第三产业占比（%）	年度	就业人员：第一产业占比（%）	就业人员：第二产业占比（%）	就业人员：第三产业占比（%）
1952	83.5	7.4	9.1	1967	81.7	8.6	9.7
1953	83.1	8.0	8.9	1968	81.7	8.6	9.7
1954	83.1	8.6	8.3	1969	81.6	9.1	9.3
1955	83.3	8.6	8.1	1970	80.8	10.2	9.0
1956	80.6	10.7	8.7	1971	79.7	11.2	9.1
1957	81.2	9.0	9.8	1972	78.9	11.9	9.2
1958	58.2	26.6	15.2	1973	78.7	12.3	9.0
1959	62.2	20.6	17.2	1974	78.2	12.6	9.2
1960	65.7	15.9	18.4	1975	77.2	13.5	9.3
1961	77.2	11.2	11.6	1976	75.8	14.5	9.7
1962	82.1	8.0	9.9	1977	74.5	14.8	10.7
1963	82.5	7.6	9.9	1978	70.5	17.3	12.2
1964	82.2	7.9	9.9	1979	69.8	17.6	12.6
1965	81.6	8.4	10.0	1980	68.7	18.2	13.1
1966	81.5	8.7	9.8	1981	68.1	18.3	13.6

续 表

年度	就业人员：第一产业占比（%）	就业人员：第二产业占比（%）	就业人员：第三产业占比（%）	年度	就业人员：第一产业占比（%）	就业人员：第二产业占比（%）	就业人员：第三产业占比（%）
1982	68.1	18.4	13.5	1998	49.8	23.5	26.7
1983	67.1	18.7	14.2	1999	50.1	23.0	26.9
1984	64.0	19.9	16.1	2000	50.0	22.5	27.5
1985	62.4	20.8	16.8	2001	50.0	22.3	27.7
1986	60.9	21.9	17.2	2002	50.0	21.4	28.6
1987	60.0	22.2	17.8	2003	49.1	21.6	29.3
1988	59.3	22.4	18.3	2004	46.9	22.5	30.6
1989	60.1	21.6	18.3	2005	44.8	23.8	31.4
1990	60.1	21.4	18.5	2006	42.6	25.2	32.2
1991	59.7	21.4	18.9	2007	40.8	26.8	32.4
1992	58.5	21.7	19.8	2008	39.6	27.2	33.2
1993	56.4	22.4	21.2	2009	38.1	27.8	34.1
1994	54.3	22.7	23.0	2010	36.7	28.7	34.6
1995	52.2	23.0	24.8	2011	34.8	29.5	35.7
1996	50.5	23.5	26.0	2012	33.6	30.3	36.1
1997	49.9	23.7	26.4	2013	31.4	30.1	38.5

注：数据来源于 Wind 资讯数据库。

从表 7-1 中可以看到，在新中国成立初期我国是以农业为主的，1952 年其农业劳动力在总体劳动力投入中占到 83.5%。从总体趋势来看，中国的农业比重在下降，非农产业的比重在上升，二者分别从 1952 年的 83.5%和 16.5%变动为 2013 年的 31.4%和 68.6%，这种变动符合配第-克拉克定律所揭示的劳动力转移规律，即劳动力逐步从农业转移到非农产业。

在 2003 年，非农产业的劳动力比重第一次超过了农业的劳动力比重，农业劳动力比重持续下降，但到 2013 年，我国农业劳动力比重仍占相当份额，为 31.4%。我国农村仍存在相当数量的剩余劳动力，在经济发展过程中要继续大力破除制约劳动力转移的制度因素，积极推进这些农村剩余劳动力的转移。由表 7－1 可知，第二、第三产业的劳动力比重都处于上升的趋势。相比较而言，在 1990 年之后，第三产业劳动力比重的增速快于第二产业，在 1994 年第三产业劳动力比重超过第二产业。关于这一现象，一些学者存在争论，认为这是在还没实现工业高级化时的产业结构虚高化。

而在近年来的产业结构调整中，研发投入在其中是否发挥了作用呢？这可以通过实证来检验。

7.2.2　模型设定

根据理论分析，构建研发投入对产业结构的计量模型：

$$PC23_{it} = \beta_0 + \beta_1 \ln RD_{it} + \beta_2 X_{it} + \varepsilon_i \tag{7-1}$$

式中，$PC23_{it}$ 表示产业结构，RD_{it} 表示研发投入，X_{it} 表示控制变量，ε_i 表示扰动项。在经济增长理论中，影响产业结构的重要变量还有投资结构、需求结构和制度环境等。不同的投资结构影响了其他资源在不同产业间的分配，形成了生产要素的投入结构，从而形成了不同的供给结构；生产是为了满足需求，因此，需求结构即社会需求的总量和结构也就对产业结构产生了重大影响；制度环境则为投资和需求较好地传导到产业结构提供了必要的条件。人力资本的提高也是技术进步的一个条件。将这些变量加入式（7－1），则有：

$$PC23_{it} = \beta_0 + \beta_1 \ln RD_{it} + \beta_2 \ln h_{it} + \beta_3 \ln FDI_{it} + \beta_4 INV1_{it} + \beta_5 ENG_{it} + \varepsilon_i \tag{7-2}$$

在式（7－2）中，h_{it} 表示人力资本，FDI_{it} 表示制度环境，$INV1_{it}$ 表示投资结构，ENG_{it} 表示需求结构。

7.2.3　变量选取和数据来源

由于西藏的数据缺失严重，本书选取了除西藏外的 30 个省、区、直辖市 2005—2010 年的面板数据，以此为样本来考察研发投入与产业结构的关系。

在模型中，被解释变量（$PC23$）用第二、第三产业增加值之和占国内生产总值的比重来表示。产业结构的升级一方面表现为劳动力由第一产业向第二和第三产业转移，另一方面表现为第二和第三产业增加值之和占国内生产总值比重的上升。这里，第二、第三产业增加值占国内生产总值的数据来源于《中国统计年鉴》。

解释变量中，研发投入用研发经费支出（单位：万元）取对数后表示。一般来说，研发经费支出越多，研发活动越活跃，越容易产生技术创新，从而产业结构升级的动力越强。为消除价格波动的影响，研发经费以2000年为基期，用固定资产价格指数对全社会固定资产投资总额和研发经费进行价格平减处理，因为研发经费中有相当部分是以固定资产形式存在的。

制度环境用外商投资企业注册资本（单位：亿美元）取对数后表示。制度环境越好，越能吸引外商直接投资，外商投资企业注册资本就越大。而制度环境的改善，能为产业结构升级提供较好的条件。因此，可以预期，外商投资企业注册资本与产业结构升级正相关。外商投资企业注册资本数据来源于中经网统计数据库。

人力资本，本书按照国内较普遍、简便的一种方法来表示，即用各地区就业人口受教育年限作为它们的人力资本存量的代理变量。在计算中，受教育阶段分为4个时期，分别为小学、初中、高中和大专以上，它们的受教育年限分别设为6年、9年、12年和16年。在《中国人口与就业统计年鉴》中，受教育人口是抽样数据，没有提供就业人口受教育水平的数据，而是提供的6岁及以上人口中接受不同教育水平的人口数据。考虑到6岁及以上人口受教育年限与就业人口受教育年限有较高的相关性，本书对加权平均后得到的6岁及以上人口受教育年限取对数后，将其作为人力资本的代理变量①。

投资结构以第一产业城镇固定资产投资占全社会固定资产投资的比例来表示，这一比重越小也就意味着第二和第三产业的投资比重越大，投资在一定程度上决定产出，因此，可以预期这一比重与产业结构的升级成反向关系。第一产业城镇固定资产投资额和全社会固定资产投资总额数据来源于中国经

---

① 中国劳动人口受教育年限的数据无法获得，故许多研究均采取这种做法，本书也借鉴了这一做法。

济与社会发展统计数据库。二者经过计算得到第一产业城镇固定资产投资占全社会固定资产投资的比例。

需求结构用经过加权平均的恩格尔系数来表示，加权平均公式 = $\sum ENG_i W_i / W_i$（ENG_i 为城镇或农村居民恩格尔系数，W_i 表示对应的城镇人口或农村人口）。恩格尔系数越低，相应的消费层次越低，越有利于产业结构升级。恩格尔系数数据来源于中国经济与社会发展统计数据库，人口数据来源于中国人口与就业统计年鉴。

7.2.4 估计过程和结果分析

1. 估计过程

在实证中，多重共线性会产生严重的后果：通常在方程的 R^2 较大且通过整个方程 F 检验的情况下，单个系数的 t 检验会因为多重共线性而不通过，或者系数估计值不合理。为了避免这些问题，本书运用“方差膨胀因子”（VIF）检验是否存在多重共线性问题。一般的经验判断是 VIF 越大，多重共线性问题越严重；最大的 VIF 一般不超过 10。本书进行 VIF 检验，得到的结果如表 7-2 所示。

表 7-2　　多重共线性检验结果 3

变量	VIF	$1/VIF$
lnFDI	4.55	0.219836
lnRD	4.28	0.233633
ln$h$	1.87	0.534542
ENG	1.85	0.541428
$INV1$	1.65	0.604296
平均 VIF	2.84	

在表 7-2 中，最大的 VIF 是 4.55，远小于 10，因此不用担心实证出现多重共线性问题。

实证中基于不同的扰动项假设而采取不同的估计方法。本书分别对混合回归模型、固定效应模型和随机效应模型进行比较。

第一，混合回归模型假设每个省区的回归方程完全一样，其往往忽略了各个省区存在的异质性，这些异质性是不可观测或被遗漏的。异质性容易与解释变量存在相关性，从而导致估计结果出现偏差。在估计中，检验混合回归模型是否可以接受，通常是在固定效应回归时，不采用聚类稳健标准差，则结果输出中包含一个 F 检验。F 检验的原假设是“H_0：all $u_i=0$”，即可以接受混合回归。

本书在此不使用聚类稳健标准差进行固定效应回归，结果如表 7－3 所示。在检验结果中，F 检验的 P 值为 0.0000，强烈拒绝原假设，即不接受混合回归，这说明不同省区存在着异质性，影响产业结构的因素及其作用力存在差异。

表 7－3　对混合回归的检验 2

原假设	H_0：all $u_i=0$
F 值	113.38
P 值	0.0000

第二，随机效应模型和固定效应模型的区别在于不可观测的异质性是否与解释变量相关。如果这种异质性与所有解释变量都不相关，则采用随机效应模型，否则采用固定效应模型。在实证中，判断是采用随机效应模型还是固定效应模型，利用的是豪斯曼检验。本书不采用稳健标准差进行固定效应和随机效应估计，而进行豪斯曼检验，结果输出如表 7－4 所示。在结果中，P 值为 0.0576，在 10％的显著性水平下拒绝原假设，即可以接受固定效应模型。这说明这种异质性受解释变量影响。

表 7－4　豪斯曼检验结果 3

原假设	系数的不同是非系统性的
卡方检验统计量	12.20
P 值	0.0576

以上比较，说明这 30 个省区的截面数据较适宜采用固定效应模型来估计。为了克服变量中存在的内生性，在估计中采用工具变量法，估计结果如表 7 - 5 所示。

表 7 - 5　　产业结构影响因素估计结果

VARIABLES	固定效应 *PC*23
ln*RD*	1.685*** (0.338)
ln*FDI*	0.782** (0.349)
ln*h*	3.704*** (1.394)
*INV*1	−0.177 (0.136)
ENG	−0.326*** (0.056)
Constant	67.095*** (5.791)
Observations	180
R - squared	0.701
Number of prov	30

注：括号内为标准误差，***代表 P 值<0.01，**代表 P 值<0.05，*代表 P 值<0.1。

2. 结果分析

以下是对固定效应模型估计结果进行的分析，由表 7 - 5 可以得到如下结论：

(1) 研发投入对数的系数通过显著性水平为 1%的检验，具有统计意义，其系数为正，说明研发投入的增长对提高第二、第三产业增加值比重有促进作用，其数值为 1.685，也就是说，研发投入每增长一个百分点，第二、第三产业增加值占 GDP 的比重就增加 1.685 个百分点，这说明研发投入推动了技术进步，带动了第二、第三产业劳动生产率的提高，也带动了资源向第二、第三产业流动，实现了资源的优化配置，带来了这些产业产值的增加，这在一定程度上也反映出当前我国产业结构调整中市场的作用在加强，研发投入在其中起到了明显的促进作用。

（2）外商直接投资对数在5%的显著性水平下具有统计意义，其系数为正，说明其代表的制度环境对提高第二、第三产业增加值比重具有促进作用，其弹性系数为0.782，说明外商直接投资每增加一个百分点可以使GDP中第二、第三产业增加值比重增加0.782个百分点。从这里来看，外商直接投资对产业结构升级具有促进作用。这是因为外商直接投资的增加也就代表了制度环境的改善。在制度环境改善的条件下，市场的作用得到加强，供给与需求的关系通过市场机制得到较好的调节，生产要素的流动也更加通畅，这更利于发挥经济参加主体的活力，在比较生产率的差异下实现生产要素向第二、第三产业的流动，从而增加第二、第三产业的产出。

（3）人力资本对数的系数在1%的显著性水平通过统计检验，也具备了统计上的意义，其系数为正，说明人力资本对产业结构升级具有促进作用。人力资本系数数值为3.704，也就是说，劳动力人均受教育年限每增加一个百分点，GDP中第二、第三产业增加值比重增加3.704个百分点。人力资本的提高，在生产中更容易提高劳动生产率，也更有利于实现自主创新和吸收外来技术。在世界产业结构发展的趋势中，技术进步的作用越来越明显。我国实施的“科教兴国”战略，实质上也推动了产业结构升级，带动了经济发展。

（4）第一产业投资比重的系数为－0.177，系数为负，说明其对第二、第三产业增加值比重产生了反向作用。这比较符合直观感觉，第一产业的投资越加大，也就越能提高其增加值，从而减少第二、第三产业增加值在GDP中的比重。但其系数并没有通过10%的显著性水平检验。

（5）恩格尔系数通过了1%的显著性水平检验，具有统计意义，其系数为负，说明恩格尔系数与产业结构的变动成反向关系，恩格尔系数值为－0.326，说明GDP中第二、第三产业增加值的比重上升0.326个百分点。因为在经济发展的条件下，恩格尔系数降低，消费结构就从低层次向高层次演变，也就是逐渐从满足生存需要的衣食消费向满足发展需要的大宗耐用商品和文化教育娱乐等服务商品消费升级。这必然带动相关产业的发展壮大，也表现为第二、第三产业逐渐得到加强。因此，恩格尔系数与产业结构成反向变动关系。

（6）研发投入对数的系数为 1.685，人力资本对数的系数为 3.704，这说明当前人力资本对第二、第三产业增加值提高的推动力大于研发投入。

7.2.5 研发投入对产业结构高级化的进一步实证分析

产业发展和结构变动的一个趋势是产业高级化。各国在支持研发投入的过程中积极引导研发投入向高技术产业倾斜，以实现高技术产业的发展，从而获取国家经济的竞争力。我国在高技术产业上的投入一向较大，我国高技术产业研发投入占比近年来一直在 13%以上，见图 7-2。

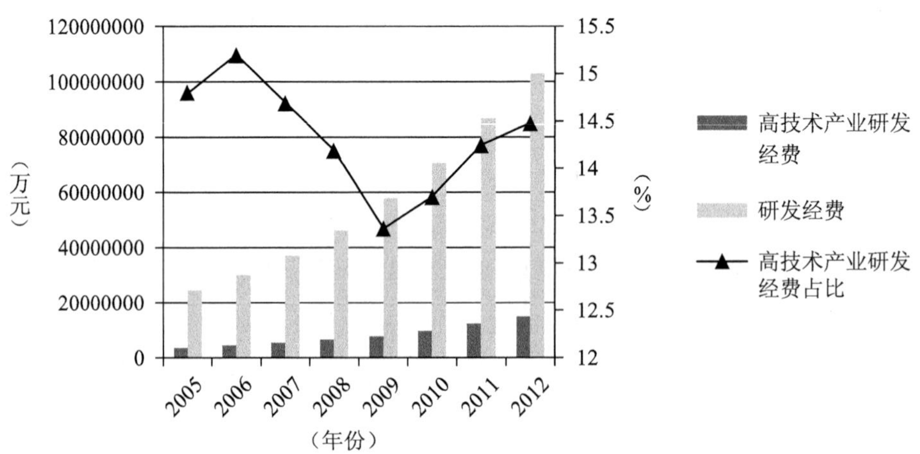

图 7-2 2005—2012 年我国高技术产业研发经费情况

1. 模型设定和实证估计

本书采用固定模型来估计我国研发投入对产业高级化的影响。根据式（7-1），得到的计量模型为：

$$\ln tec_{it} = \beta_0 + \beta_1 \ln RD_{it} + \beta_2 \ln FDI_{it} + \beta_2 \ln h_{it} + \varepsilon_i \qquad (7-3)$$

在式（7-3）中，因变量（tec_{it}）表示产业结构高级化，指标采用高技术产业产值的对数。自变量中，RD_{it} 表示研发投入，h_{it} 表示人力资本，FDI_{it} 表示制度环境。为消除异方差，式（7-3）采用变量的对数形式，这些变量的选取和数据采用同式（7－2），实证中也同样采用2005—2010年我国30个省区（不含西藏）的截面数据。

实证中为了克服内生性问题，也采用了工具变量法。估计结果见表7－6。

表7－6　　　　研发投入对高新技术产业影响估计结果

VARIABLES	ln*tec*
ln*RD*	0.808*** (0.061)
ln*FDI*	0.168** (0.073)
ln*h*	0.306* (0.287)
Constant	−6.088*** (0.871)
Observations	180
R－squared	0.813
Number of prov	30

注：括号内为标准误差，***代表 P 值<0.01，**代表 P 值<0.05，*代表 P 值<0.1。

2. 结果分析

对表7－6所示的结果进行分析，可得到如下结论：

（1）研发投入对数的系数通过了显著性水平为1%的检验，具有统计意义。其系数为正，说明研发投入的增长对提高高新技术产业产值比重有促进作用。系数值为0.808，也就是说，研发投入每增长一个百分点高新技术产业产值就增加0.808个百分点。这说明我国研发投入确实推动了高新技术产业的技术进步，从而带动了其产值的增加。

（2）外商直接投资对数在5%的显著性水平下具有统计意义，其值为正，说明其代表的制度环境对提高高技术产业产值具有促进作用，其弹性系数为0.168，说明外商直接投资每增加一个百分点可以使GDP中第二、第三产业增加值的比重增加0.168个百分点。从这里来看，外商直接投资对产业结构高级化具有促进作用。这是因为外商直接投资的增加也就代表了制度环境的改善。在制度环境改善的条件下，市场的作用得到加强，供给与需求的关系通过市场机制得到较好的调节，生产要素的流动也就更加通畅，这便更利于发挥经济参与主体的活力，从而带动经济的发展并实现产业结构的升级。

(3) 人力资本对数的系数在 1%的显著性水平下通过了检验，也具备了统计意义。其系数为正，说明人力资本对产业结构高级化具有促进作用。其系数数值为 0.306，也就是说，劳动力人均受教育年限每增加一个百分点 GDP 中高技术产业产值就增加 0.306 个百分点。无论是高技术产业内还是产业外人力资本的提高，都会作用于高技术产业的生产过程，使其劳动生产率得到提高，这就带来了高技术产业产值的提高。

7.3 研发投入与地区经济差距的实证

在本节实证中，我们首先要对衡量地区经济差距的方法进行简单介绍；其次运用泰尔指数对我国地区经济差距进行计算并分析我国各地区经济差距的变化趋势；最后对研发投入在地区经济差距变动中的影响进行实证分析。

7.3.1 地区经济差距的衡量方法

学者在研究地区经济差距问题时，一般采用以下几种方法来衡量地区经济差距：变异系数法、泰尔指数、基尼系数。泰尔指数能够进一步对不同地区或样本组进行分解，得到子样本组之间以及子样本内部的差距，并计算出这些组间差距和组内差距在整体差距中的贡献度，因而其得到了广泛应用。

泰尔指数 T 的计算公式：

$$T = \sum_{i=1}^{n} \frac{Y_i}{Y} \ln \left(\frac{\frac{Y_i}{Y}}{\frac{P_i}{P}} \right) \tag{7-4}$$

式 (7-4) 中，i 表示不同的省区，Y_i 和 P_i 分别表示 i 省区的收入和人口。Y 表示全国总收入，P 表示全国总人口。Y_i/Y 是 i 省区收入在全国的比重，P_i/P 是 i 省区人口在全国的比重。该式表明，泰尔指数越大，省际经济差距就越大。

将全国划分为东部、中部、西部不同地区，则可以将地区经济差距进一步分解为东部、中部、西部地区间经济差距和地区内部的经济差距。公式则变为：

$$T=\sum_{i=1}^{k}\frac{Y_i}{Y}\left(\sum_{j=1}^{l}\frac{Y_{ij}}{Y_i}\ln\left(\frac{\frac{Y_{ij}}{Y_i}}{\frac{P_{ij}}{P_i}}\right)\right)+\sum_{i=1}^{k}\frac{Y_i}{Y}\ln\left(\frac{\frac{Y_i}{Y}}{\frac{P_i}{P}}\right) \tag{7-5}$$

式（7 5）中，i 表示不同的地区，j 表示这些地区中的不同省区。Y_i 和 P_i 分别表示 i 地区的收入和人口，Y_{ij} 和 P_{ij} 分别表示 i 地区中 j 省区的收入和人口。Y 表示全国总收入，P 表示全国总人口。Y_i/Y 是 i 地区收入在全国的比重，P_i/P 是 i 省区人口在全国的比重。Y_{ij}/Y_i 是 j 省区收入在 i 地区的比重，P_{ij}/P_i 是 j 省区人口在 i 地区的比重。等式右边第一项为地区内泰尔指数的加权总和，第二项是地区间的泰尔指数。

7.3.2 我国地区经济差距的计算和分析

运用泰尔指数，利用我国 31 个省区 1978—2013 年的人口和 GDP 数据对我国地区经济差距进行计算，得到的结果如表 7－7 所示。

表 7－7　　1978—2013 年我国地区间经济差距计算结果

年度	省际泰尔指数	地区间的泰尔指数	地区内泰尔指数的加权总和	地区间差距对省际差距的贡献（%）
1978	0.107	0.016	0.091	15.24
1979	0.108	0.017	0.091	15.70
1980	0.105	0.017	0.088	16.15
1981	0.107	0.031	0.075	29.51
1982	0.122	0.053	0.068	43.96
1983	0.121	0.057	0.063	47.64
1984	0.103	0.047	0.056	45.21
1985	0.067	0.017	0.050	25.88
1986	0.050	0.014	0.035	29.04
1987	0.059	0.019	0.040	32.20

续　表

年度	省际泰尔指数	地区间的泰尔指数	地区内泰尔指数的加权总和	地区间差距对省际差距的贡献（%）
1988	0.070	0.035	0.035	50.43
1989	0.072	0.042	0.030	58.24
1990	0.078	0.047	0.031	60.12
1991	0.070	0.039	0.031	55.98
1992	0.068	0.039	0.029	57.19
1993	0.085	0.055	0.030	64.90
1994	0.058	0.031	0.027	53.84
1995	0.044	0.019	0.025	43.37
1996	0.050	0.025	0.024	51.10
1997	0.080	0.057	0.023	70.99
1998	0.097	0.072	0.025	74.06
1999	0.110	0.082	0.028	74.78
2000	0.113	0.086	0.027	76.25
2001	0.116	0.087	0.029	75.13
2002	0.135	0.104	0.031	77.22
2003	0.166	0.133	0.033	80.31
2004	0.188	0.156	0.032	82.76
2005	0.224	0.195	0.029	86.86
2006	0.218	0.191	0.028	87.39
2007	0.174	0.149	0.026	85.33
2008	0.192	0.165	0.027	85.70
2009	0.185	0.161	0.024	86.77
2010	0.189	0.167	0.022	88.41
2011	0.195	0.174	0.021	89.43
2012	0.197	0.177	0.020	89.74
2013	0.191	0.171	0.019	89.79

注：①地区间差距对省际差距的贡献＝地区间泰尔指数/省际泰尔指数。
②数据来源于各年《中国统计年鉴》。

从表 7 - 7 可以看到，衡量我国地区经济差距的泰尔指数由 1978 年的 0.107 上升为 2013 年的 0.191，中间经历多次波动。与后面的分析相对应，选择 2000—2010 年为时间区间来做图 7 - 3。可以看到，2000—2005 年我国地区经济差距呈直线上升的趋势，由 2000 年的 0.113 上升为 2005 年的 0.224，随后经历 2006 年、2007 年的下降，在 2008—2010 年最后 3 年在 0.190 上下小幅波动。整体来看，2000—2010 年我国地区经济差距呈上升趋势，泰尔指数由 2000 年的 0.113 上升为 2010 年的 0.189。

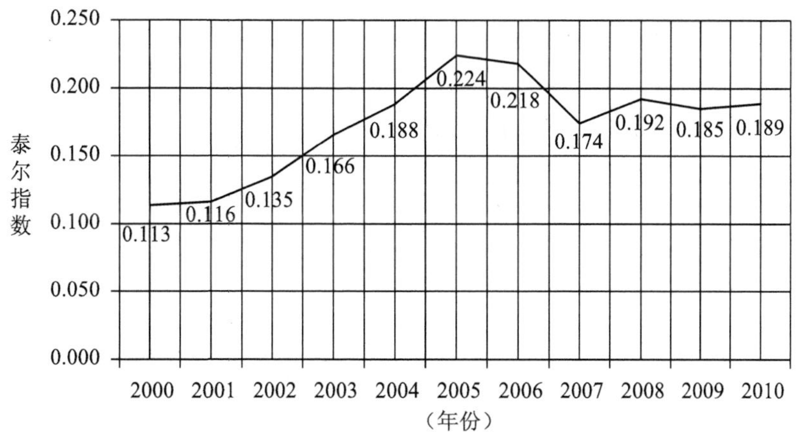

图 7 - 3　2000—2010 年我国地区间经济差距的变动情况

从表 7 - 7 中还可以看到，在我国地区经济差距中，东部、中部、西部地区间经济差距越来越大，这成为地区差距的主要解释部分。1978 年，地区间的差距解释了 15.24%的省际差距；而到了 2013 年，这一数值变为 89.79%。

7.3.3 研发投入对地区经济差距变动的实证分析

从第 6 章的分析中可以看出，我国研发投入已经成为各地区经济增长的重要推动力。并且，东部、中部、西部地区研发投入对经济增长的弹性系数是不一样的，东部、中部、西部地区研发投入弹性系数分别是 0.344、0.241、0.204，出现了东部最大、中部其次、西部最小的特点。这意味着同样数量的研发投入在东部地区产生的经济效益大于中部和西部地区。

我国各地区研发经费投入总额，也是东部最高、中部其次、西部最低，见表 7－8。2000—2010 年，东部地区研发经费内部支出占全国的比重在 68.1%～72.8%间波动，远远大于中部和西部地区之和。

表 7－8　2000—2010 年东部、中部、西部研发经费支出及占比

年度	项目	全国	东部地区	中部地区	西部地区
2000	研发经费支出（万元）	8954233	6095441	1452899	1405893
	占比（%）	100	68.1	16.2	15.7
2001	研发经费支出（万元）	10434053	7195663	1654524	1583866
	占比（%）	100	69.0	15.9	15.2
2002	研发经费支出（万元）	12963784	9079324	2049366	1835094
	占比（%）	100	70.0	15.8	14.2
2003	研发经费支出（万元）	15622382	10947085	2448000	2227297
	占比（%）	100	70.1	15.7	14.3
2004	研发经费支出（万元）	19659670	14237859	2896976	2524835
	占比（%）	100	72.4	14.7	12.8
2005	研发经费支出（万元）	24496264	17738689	3639824	3117751
	占比（%）	100	72.4	14.9	12.7
2006	研发经费支出（万元）	30026134	21863249	4592768	3570117
	占比（%）	100	72.8	15.3	11.9
2007	研发经费支出（万元）	37095472	26961266	5727395	4406811
	占比（%）	100	72.7	15.4	11.9
2008	研发经费支出（万元）	46147953	33276660	7475276	5396017
	占比（%）	100	72.1	16.2	11.7
2009	研发经费支出（万元）	58006063	40522180	10249424	7234460
	占比（%）	100	69.9	17.7	12.5
2010	研发经费支出（万元）	70611218	49868652	12014459	8728108
	占比（%）	100	70.6	17.0	12.4

注：数据根据各年《中国科技统计年鉴》整理，全国及西部地区合计数据均不含西藏。

东部地区研发投入规模和研发投入对经济增长的弹性作用都比中部、西部地区大，带来的直接经济收益必然比中部、西部地区大；此外，还间接提高了当地的技术吸收能力和人才吸引能力，增强了经济发展后劲。经济发展和研发投入之间的相互作用，使得研发投入容易形成“马太效应”，这是地区经济差距进一步扩大的主要原因。上面泰尔指数的分析正好能解释我国地区经济差距扩大的情况。

8 结论与政策建议

本章总结前文研究得出的结论，为提高我国研发投入规模和改善研发投入对经济增长的作用提出政策建议。

8.1 研究结论

本书对我国研发投入及其对经济发展的作用进行了研究。首先，分析和比较了国外研发活动和我国研发活动现状；其次，实证分析了影响我国研发投入规模的因素；最后，分析研发投入对我国经济增长和经济结构的影响。得到如下结论：

（1）OECD成员的研发投入迅猛增加，2012年达到1.1万亿美元，是2000年的1.77倍。对研发进行投入是为了获得技术进步，从而推动经济增长。因此，各国在研发投入上的竞争反映了经济实力的竞争。我国研发经费投入占世界的比重急剧提高，我国成为仅次于美国的第二大研发经费投入大国，但我国研发人员人均拥有的经费比较少，2012年为3.5万美元，远低于芬兰、日本、挪威等国家的10万～20万美元。

（2）国外研发活动中，企业成为研发经费的主要来源和使用者。2011年美国企业部门提供了其国家研发经费的63%，使用了69%的研发经费。2012年我国企业使用的研发经费达到了总体研发经费的76.2%。国内学者研究表明，我国企业研发分布不均，有研发活动的企业仅占10%。2013年我国规模以上企业研发经费投入强度为0.8%①，而美国、日本、德国等发达国家的规

① 数据来源于《中国科技统计年鉴·2014》，企业R&D经费投入强度是指企业研发经费支出与销售收入的比例。

模以上企业研发经费投入强度普遍在2%以上，由此可见，我国仍需加大研发投入，尤其是推动企业加大对研发的投入。

(3) 基础研究被视为原始创新的来源，发达国家基础研究经费在研发经费投入中的比重一般为10%～20%。我国2012年基础研究经费在总研发经费中所占的比重为4.8%，远低于其他国家。发达国家企业对基础研究比较重视，2011年美国企业将4.4%的研发经费用于基础研究。我国企业基础研究的薄弱在于高学历研发人员缺乏。

(4) 美国在专利保护、企业研发投资税收优惠、研发成果转移和商业化等方面制定了一系列的法案，目的是激励研发活动。尤其是在研发成果转移和商业化方面，“史蒂文森法案”激发了联邦研究机构和实验室在技术转移上的积极性；“小企业创新研究项目”(SBIR)和“小企业技术转移项目”(STTR)则对小企业研发提供了支持，并促进了创新成果的商业化。美国的科技工业园区模式中，硅谷的成功说明只有以市场为主导才能保证持续的活力。斯坦福大学通过教授兼职、培训企业员工、邀请企业参与科研项目，实现了与企业的密切合作，这成为产学研结合的范例。

(5) 在研发投入规模的影响因素方面，我国2009—2012年的省际面板数据实证表明，经济发展水平、产业结构、政府资金资助对研发投入有正向的作用。GDP、第三产业比重、政府资金资助每增加一个百分点，研发经费投入分别增加1.104个、0.490个、0.276个百分点。外商直接投资对研发投入表现出抑制作用，可能的原因是外资企业的竞争优势排挤了国内企业，从而抑制了国内企业的研发活动。进行分组后，东部地区中对研发投入规模有正向作用的是经济发展水平提高、产业结构升级，有抑制作用的是外商直接投资；中部地区中对研发投入规模有正向作用的是经济发展水平提高、外商直接投资、政府资金资助；西部地区中对研发投入规模有正向作用的是经济发展水平提高、产业结构升级、政府资金资助，有抑制作用的是外商直接投资。

(6) 在研发投入对我国经济增长的影响方面，实证结果表明，我国资本、劳动力和研发投入都对经济增长产生了正向作用，其中，劳动力的作用最大，其仍是经济增长的主要推动力，此外，资本和研发投入对经济增长的作用大小比较接近。进行分组实证可以看到，东部地区研发投入对经济增长的作用明显大于中部地区和西部地区，也明显大于该地区资本投入的作用。西部地区研发投入对经济增长的作用是3个地区当中最小的，劳动力的作用明显大于东部地区和中部地区。东部地区研发投入对经济增长弹性作用较大的原因是该地区拥有较好的基础条件和人才条件，较高的技术市场发育程度有助于促进其研发成果的转化，较多的外商直接投资和外贸则为其吸收外来技术提供了便利。西部地区研发投入弹性作用较小的主要原因是工业化阶段较为滞后和企业研发比重较小。

（7）研发对经济结构的影响主要是通过技术进步这一途径来实现的。实证中控制了制度环境、人力资本、投资结构、需求结构等因素后，可以发现研发投入对产业结构升级产生了促进作用。在高技术产业实证中，研发投入能促进高技术产业产值的增加。东高西低的研发投入结构及研发投入对经济增长的弹性差异，是我国地区经济差距扩大的一个重要原因。

8.2 政策建议

根据本书研究得出的结论，本节从扩大研发投入规模、提高研发投入绩效等方面提出政策建议。

8.2.1 提高我国研发投入规模、优化研发投入结构的对策

（1）通过税收优惠、资金支持引导等政策激励，创造企业自主参与创新的经济环境，激发企业开展研发活动的积极性。当前我国面临着产业升级的压力，企业要在国际竞争中生存，必须提高自主创新能力，增加产品的附加值，然而，我国许多企业习惯于学习模仿，并没有形成自主创新意识和能力；有些国有大中型企业受到计划经济体制的影响，竞争意识比较薄弱，现行的企业制度造成了企业领导的短视行为，使得研发活动没有得到足够的重视；有创新意识的小企业有进行研发活动的动力但往往又缺乏资金……这些情况造成我国进行研发活动的企业比重较小的现状。要想改变这一现状，在国家

层面上必须进行制度完善，在企业制度上要有约束国有企业短期行为的制度，并优化税收优惠和资金支持政策，鼓励企业创新，使企业真正成为技术创新的主体。

此外，应采取有效措施进一步促进高等学校和研究与开发机构将科研资源面向社会开放，对于企业因承担政府研发项目而产生的成果，明确其产权归企业所有。

（2）优化政府研发投入结构。经济的持续增长是研发经费持续增长的重要保证，经济的持续发展需要技术进步为其提供动力，因此，经济增长和研发活动具有紧密的联系。为实现我国经济的可持续发展，需要大力实施“科教兴国”战略，切实把科学技术作为第一生产力。我国经济发展为研发活动提供了较好的物质基础，应该在经济发展的同时加大政府的研发投入，并通过政策引导企业和其他机构加大研发投入。目前实现自主创新是我国最紧迫的战略目标，因此，政府在进行研发投入时应注意纠正基础研究方面投入不足的问题，将资金投入侧重于基础研究。通过此举，一方面为企业的应用研究和试验发展提供源泉，另一方面引导企业投入基础研究，从而逐渐增强我国的自主创新能力。

8.2.2 发挥研发投入对经济发展推动力作用的政策建议

（1）重视自主创新，依靠政府和市场两方面力量加强基础研究。我国经济发展模式转型必须依靠自主创新，自主创新是从基础研究中产生的，这决定了需要加强基础研究。目前我国基础研究存在的主要问题：一是资金来源主要依靠政府提供；二是由于缺乏企业的参与而没有较明确的方向，成果转化为实际生产力的效率比较低。为了解决这两个问题，应该坚决贯彻实施创新驱动发展战略，政府通过资金资助引导企业加强基础研究，着力构建以企业为主体、市场为导向、产学研相结合的技术创新体系。面对目前企业研发高层次人才较缺乏的情况，可以考虑在高等学校内建立多层次协作项目，培养和提高企业研发人才，并鼓励高等学校人才参与企业研发项目。

（2）重视研发成果转化。当前国际研发活动的一个趋势是开发成果与产业化应用的时间间隔日益缩短、研发成果商业化速度加快。在这种情况下，研发成果商业化速度和效果成为了世界各国经济实力竞争的重要体现。随着我国自主创新战略的实施，研发投入迅速增加，产生了许多前沿性的科技成果，在一些重点领域取得了关键性技术的突破，但总体来看，我国偏重于以专利和论文为研发成果的衡量指标，成果转化率较低。2013 年的“中国经济年会”，国家发展改革委副主任提到，我国的科技成果转化率仅为 10%左右，远低于发达国家 40%的水平。[①] 政府研发投入结构与产学研合作的缺乏是导致这一问题的主要原因。

目前，政府研发经费主要投入高等学校和研究与开发机构。2013 年，政府对研发经费投入的 59.2%投向了研发与开发机构，20.7%投向了高等学校，只有 16.4%投向了企业。[②] 高等学校和研究与开发机构研发活动产生的成果必然要面对转化问题，但目前两者缺乏成果转化的积极性。当前高等学校和研究与开发机构的科研成果评价和职称晋升以论文和专利为主，很难将成果的实用价值纳入考核体系。在这种情况下，高等学校和研究与开发机构的研发人员对于参与研发成果转化的积极性不高，表现为：研发项目团队热衷于申请和承担纵向课题，不太愿意承担横向课题；项目取得相应的成果（论文、专利等）或参加评奖后成果往往被束之高阁。

此外，高等学校和研究与开发机构离产业化较远，缺乏进行研发成果商业化转化的能力，它们的专长是研究，成果转化率低的问题不能过于归咎研究与开发机构和高等学校。研发成果的商业化除了要求成果具备较高的市场价值和市场前景外，还需要经营主体具有市场开发的能力和经验，能够捕捉市场机遇，这些能力和经验是企业具备的，因此，研发成果商业化应该由企业承担或产学研合作。但目前由于缺乏有效的沟通和利益分享机制，产学研合作比较薄弱。

---

① 转引自中国新闻网 2013 年 12 月 21 日文章《国家发改委官员：中国科技成果转化率仅 10%》：http：//finance. chinanews. com/cj/2013/12 - 21/5647840. shtml。

② 数据根据《中国科技统计年鉴》计算得到。

加强研发成果转化可以采取如下措施：

第一，从立项环节就开始重视研究成果的转化问题。应用性比较强的研发项目，立项过程中要强调产业需求导向，突出项目对经济社会发展的推动作用。鼓励高等学校、研究与开发机构和企业进行联合申报。这样一方面可以发挥高等学校和研究与开发机构的人才和知识优势，另一方面可以发挥企业对市场需求的把握能力，加大研究成果向商业应用成功转化的概率。

第二，提高技术市场的规范化程度，促进研发成果转让。我国技术市场的政策法规和监管体系不完善，规范化程度有待提高，其中，关键问题是技术商品的价格形成机制不健全，增加了技术交易的风险成本，影响了技术开发方进行技术转让的积极性。因此，完善技术市场的政策法规、监管体系以及技术价格形成机制，提高技术市场的规范化程度，有利于为研发成果转让创设有利的市场环境。

第三，在高等学校和研究与开发机构建立成果转化和技术转移中心，承担信息沟通、专职服务等功能，并与企业协商达成利益分享协议，实现成果转化和转移。另外，在一定条件下，将研究与开发机构和高等学校研发成果的产权让渡给课题承担者，鼓励其进行成果商业转化。

第四，引入多重资金，资助企业将研发成果转化。研发商业化过程充满了风险，必须引入风险投资机制。我国可以借鉴美国的经验，由政府划分出专门的研发基金来资助中小企业的研发成果商业化创意，推动成果商业化的再研究，并由政府担保搭建中小企业创新融资平台。

(3) 中西部地区改善研发活动的措施。中西部地区受经济发展水平的限制，研发投入较少，缺乏相关的人力资本和基础设施，因此，在国家层面上，研发经费投入应该进一步向中西部地区倾斜，并制定政策鼓励人才向西部地区流动，加强中西部地区的基础设施建设，为中西部地区研发创设良好的条件。

在地区层面上，首先，中西部地区应该利用国家实施的“西部大开发”和“中部崛起”政策积极引进人才，积累进行研发的基础条件，形成创新激励的良好环境。其次，中西部地区应从自身条件出发，逐渐加大研发投入，把有限的研发经费更多地投入到见效快的应用研究和试验发展中，投入到可能成为本地区优势产业和产品的相关领域中。再次，在研发活动中中西部地区应注意引进吸收国际和国内较先进的技术成果，从而提高自身的研发能力。最后，中西部地区应积极通过研发活动引导产业结构升级，更好地发挥出研发对经济增长的推动力。

此外，本书在研究中发现，物质资本和劳动力投入对我国经济增长的推动力仍较大。因此，在发挥研发对经济增长的推动作用的同时，也要注意充分发挥物质资本投资和劳动力投入的作用。我国人口较多，面临着农村剩余劳动力转移和新增劳动力就业的问题，这些也是影响经济发展和社会稳定的重要问题。西部各省区，劳动力投入对经济增长的作用弹性较大，因而在西部地区经济发展战略中，一方面要通过研发活动实现创新，推动经济发展；另一方面要利用劳动力资源优势，在一定程度上将两者结合起来，在研发活动中侧重实现技能偏向型的技术进步。

参考文献

[1] 陈利华，杨宏进．我国科技投入的技术进步效应——基于30个省市跨省数据的实证分析［J］. 科学学与科学技术管理，2005（7）：55－59.

[2] 傅晓霞，吴利学．全要素生产率在中国地区差异中的贡献：兼与彭国华和李静等商榷［J］. 世界经济，2006（9）：12－22.

[3] 郭庆旺，贾俊雪．中国全要素生产率的估算：1979—2004［J］. 经济研究，2005（6）：51－60.

[4] 覃成林．区域R&D产业发展差异分析［J］. 中国软科学，2002（7）：95－97.

[5] 江静．中国省际R&D强度差异的决定与比较——基于1998—2004年的实证分析［J］. 南京大学学报（哲学·人文科学·社会科学版），2006（3）：13－25.

[6] 蒋佩晔. 技术进步与经济增长——新经济增长理论及实证［J］. 社会科学论坛，2006（12）：117－121.

[7] 金碚．中国工业的技术创新［J］. 中国工业经济，2004（5）：5－14.

[8] 赖明勇，包群，阳小晓．外商直接投资的吸收能力：理论及中国的实证研究［J］. 上海经济研究，2002（6）：9－17.

[9] 李平，颜珲．开放经济下自主创新水平及影响因素研究：以山东省为例［J］. 山东大学学报（哲学社会科学版），2008（4）：66－72.

[10] 林毅夫，蔡昉，李周．比较优势与发展战略——对“东亚奇迹”的再解释［J］. 中国社会科学，1999（5）：4－20.

[11] 林毅夫，李永军．比较优势、竞争优势与发展中国家的经济发展

[J]. 管理世界，2003 (7)：21 - 28.

[12] 卢方元，靳丹丹．我国 R&D 投入对经济增长的影响——基于面板数据的实证分析 [J]. 中国工业经济，2011 (3)：149 - 157.

[13] 吕忠伟，李峻浩．R&D 空间溢出对区域经济增长的作用研究 [J]. 统计研究，2008 (3)：27 - 34.

[14] 吕忠伟，袁卫．财政科技投入和经济增长关系的实证研究 [J]. 科学管理研究，2006 (5)：105 - 108.

[15] 彭国华．中国地区收入差距、全要素生产率及其收敛分析 [J]. 经济研究，2005 (9)：19 - 29.

[16] 沈坤荣．外国直接投资与中国经济增长 [J]. 管理世界，1999 (5)：22 - 34.

[17] 石风光，李宗植．要素投入、全要素生产率与地区经济差距——基于中国省区数据的实证分析 [J]. 数量经济技术经济研究，2009 (12)：19 - 31.

[18] 孙敬水，岳牡娟．我国 R&D 投入与经济增长实证研究——基于 panel data 模型分析 [J]. 科技管理研究，2009 (7)：86 - 88.

[19] 涂正革．全要素生产率与区域经济增长的动力——基于对 1995—2004 年 28 个省市大中型工业的非参数生产前沿分析 [J]. 南开经济研究，2007 (4)：14 - 36.

[20] 王然，邓伟根．研发投入来源、技术溢出渠道与自主创新绩效——基于高技术行业面板数据的实证研究 [J]. 科技进步与对策，2011 (10)：6 - 9.

[21] 王维国，谢兰云．我国区域 R&D 投入与区域经济发展关系的实证研究 [J]. 财经问题研究，2009 (11)：108 - 115.

[22] 王小鲁．中国经济增长的可持续性与制度变革 [J]. 经济研究，2000 (7)：3 - 15.

[23] 吴林海，杜文献．中国 R&D 投入与经济增长的关系——基于 1991—2005 年间中国科技统计数据的协整分析 [J]. 科学管理研究，2008，26 (2)：89 - 92，100.

[24] 吴延兵．R&D 与生产率——基于中国制造业的实证研究 [J]. 经

济研究，2006（11）：60－71.

［25］吴延兵．自主研发、技术引进与生产率——基于中国地区工业的实证研究［J］．经济研究，2008（8）：51－64.

［26］徐冬林，郭云南．R&D投入对中国经济增长的动态时滞效应分析［J］．中南财经政法大学学报，2007（6）：36－43.

［27］徐辉，王浣尘，张祥建．研发与自主技术创新：基于上海浦东新区企业数据经验研究［J］．研究与发展管理，2008（3）：16－21.

［28］许学军．技术进步、收入分配与人力资本形成——以东亚与拉美为例的分析及对中国问题的启示［M］．北京：经济科学出版社，2003.

［29］杨俊，李晓羽，杨尘．技术模仿、人力资本积累与自主创新——基于中国省际面板数据的实证分析［J］．财经研究，2007（5）：18－28.

［30］袁堂军．中国企业全要素生产率水平研究［J］．经济研究，2009（6）：52－64.

［31］张军，施少华．中国经济全要素生产率变动：1952—1998［J］．世界经济文汇，2003（2）：17－24.

［32］赵红，李换云．研发投入、FDI的R&D溢出与自主创新效率的研究——基于重庆制造业的面板数据（2000—2007）［J］．科技管理研究，2011（3）：174－177.

［33］周晓艳，韩朝华．中国各地区生产效率与全要素生产率增长率分解（1990—2006）［J］．南开经济研究，2009（5）：26－48.

［34］周亚虹，贺小丹，沈瑶．中国工业企业自主创新的影响因素和产出绩效研究［J］．经济研究，2012（5）：107－119.

［35］O MAHONY M，VECCHI M. R&D，knowledge spillovers and company productivity performance［J］．Research Policy，2009，38（1）：35－44.

［36］ABRAMOVITZ M. Catching Up，Forging Ahead，and Falling Behind［J］．The Journal of Economic History，1986，46（2）：385－406.

［37］ACEMOGLU D，ZILIBOTTI F. Productivity differences［J］．The Quarterly Journal of Economics，2001，116（2）：563－606.

[38] AGHION P, HOWITT P. A Model of Growth Through Creative Destruction [J]. Econometrica, 1992, 60 (2): 323 - 351.

[39] BALTAGI B H, RICH D P. Skill - biased technical change in US manufacturing: a general index approach [J]. Journal of Econometrics, 2005, 126 (2): 549 - 570.

[40] BARRELL R, PAIN N. Foreign Direct Investment, Technological Change, and Economic Growth Within Europe [J]. The Economic Journal, 1997, 107 (445): 1770 - 1786.

[41] BARRO R J, SALA - I - MARTIN X. Economic Growth [J]. McGraw - Hill Inc, 1995.

[42] BASANT R, FIKKERT B. The Effects of R&D, Foreign Technology Purchase, and Domestic and International Spillovers on Productivity in Indian Firms [J]. The Review of Economics and Statistics, 1996, 78 (2): 187 - 199.

[43] BASU S, WEIL D N. Appropriate Technology and Growth [J]. The Quarterly Journal of Economics, 1998, 113 (4): 1025 - 1054.

[44] BEBCZUK R N. R&D Expenditures and the role of goverment around the world [J]. Estudios de economía, 2002, 29 (1): 109 - 121.

[45] BECKER G S, MURPHY K M. The Division of Labor, Coordination Costs, and Knowledge [J]. The Quarterly Journal of Economics, 1992, 107 (4): 1137 - 1160.

[46] BENHABIB J, SPIEGEL M M. The role of human capital in economic development evidence from aggregate cross - country data [J]. Journal of Monetary Economics, 1994, 34 (2): 143 - 173.

[47] Bilbao - Osorio B, Rodríguez - Pose A. From R&D to Innovation and Economic Growth in the EU [J]. Growth and Change, 2004, 35 (4): 434 - 455.

[48] BLACKBURN K, HUNG V T Y, Pozzolo A F. Research, development and human capital accumulation [J]. Journal of Macroeconomics, 2000,

22 (2): 189 - 206.

[49] BRESNAHAN T F, TRAJTENBERG M. General purpose technologies: Engines of growth? [J]. Journal of Econometrics, 1995, 65 (1): 83 - 108.

[50] CASSAR A, NICOLINI R. Spillovers and growth in a local interaction model [J]. The Annals of Regional Science, 2008, 42 (2): 291 - 306.

[51] COEA D T, HELPMAN E. International R&D Spillover [J]. European Economic Review, 1995, 39 (5): 859 - 887.

[52] CRESCENZI R. Innovation and Regional Growth in the Enlarged Europe: The Role of Local Innovative Capabilities, Peripherality, and Education [J]. Growth and Change, 2005, 36 (4): 471 - 507.

[53] EASTERLY W, LEVINE R. It's not factor accumulation: stylized facts and growth models [J]. World Bank Economic Review, 2001, 6 (2): 221 - 224.

[54] EATON J, KORTUM S. International Technology Diffusion: Theory and Measurement [J]. International Economic Review, 1999, 40 (3): 537 - 570.

[55] FORD T C, RORK J C. Why buy what you can get for free? The effect of foreign direct investment on state patent rates [J]. Journal of Urban Economics, 2010, 68 (1): 72 - 81.

[56] GRANDE E, PESCHKE A. Transnational cooperation and policy networks in European science policy - making [J]. Research Policy, 1999, 28 (1): 43 - 61.

[57] GREENWOOD J, HERCOWITZ Z, KRUSELL P. Long - Run Implications of Investment - Specific Technological Change [J]. The American Economic Review, 1997, 87 (3): 342 - 362.

[58] GRIFFITH R, REDDING S, REENEN J V. R&D and Absorptive Capacity: Theory and Empirical Evidence [J]. The Scandinavian Journal of Economics, 2003, 105 (1): 99 - 118.

[59] GRIFFITH R, REDDING S, REENEN J V. Mapping the Two

Faces of R&D: Productivity Growth in a Panel of OECD Industries [J]. The Review of Economics and Statistics, 2004, 86 (4): 883 - 895.

[60] GRILICHES Z. Productivity, R&D, and Basic Research at the Firm Level in the 1970s [J]. The American Economic Review, 1986, 76 (1).

[61] GROSSMAN G M, HELPMAN E. Comparative Advantage and Long - Run Growth [J]. The American Economic Review, 1990, 80 (4): 796 - 815.

[62] GROSSMAN, G M, HELPMAN E. Endogenous innovation in the theory of growth [J]. Journal of Economic Perspectives, 1994 (8): 23 - 44.

[63] GUELLEC D, Van Pottelsberghe De La Potterie B. From R&D to Productivity Growth: Do the Institutional Settings and the Source of Funds of R&D Matter? [J]. Oxford Bulletin of Economics and Statistics, 2004, 66 (3): 353 - 378.

[64] HALL B H, MAIRESSE J. Exploring the relationship between R&D and productivity in French manufacturing firms [J]. Journal of Econometrics, 1995, 65 (1): 263 - 293.

[65] HEJAZI W, SAFARIAN A E. Trade, Foreign Direct Investment, and R&D Spillovers [J]. Journal of International Business Studies, 1999, 30 (3): 491 - 511.

[66] HELPMAN E, RANGEL A. Adjusting to a New Technology: Experience and Training [J]. Journal of Economic Growth, 1999, 4 (4): 359 - 383.

[67] JEFFERSON G H, HUAMAO B, XIAOJING G, et al. R&D performance in Chinese industry [J]. Economics of Innovation and New Technology, 2006, 15 (4 - 5): 345 - 366.

[68] JONES C I. R & D - Based Models of Economic Growth [J]. Journal of Political Economy, 1995, 103 (4): 759 - 784.

[69] KATZ L F, MURPHY K M. Changes in Relative Wages, 1963—1987: Supply and Demand Factors [J]. The Quarterly Journal of Economics,

1992, 107 (1): 35 - 78.

[70] KELLER W. Absorptive capacity: On the creation and acquisition of technology in development [J]. Journal of Development Economics, 1996, 49 (1): 199 - 227.

[71] KELLER W. Geographic Localization of International Technology Diffusion [J]. The American Economic Review, 2002, 92 (1): 120 - 142.

[72] KEMENY T. Does foreign direct investment drive technological upgrading? [J]. World Development, 2010, 38 (11): 1543 - 1554.

[73] LUCAS Jr. R E. On the mechanics of economic development [J]. Journal of Monetary Economics, 1988, 22 (1): 3 - 42.

[74] PARENTE S L, PRESCOTT E C. Barriers to Technology Adoption and Development [J]. Journal of Political Economy, 1994, 102 (2): 298 - 321.

[75] PARISI M L, SCHIANTARELLI F, SEMBENELLI A. Productivity, innovation and R&D: Micro evidence for Italy [J]. European Economic Review, 2006, 50 (8): 2037 - 2061.

[76] PONDS R, OORT F V, FRENKEN K. Innovation, spillovers and university - industry collaboration: an extended knowledge production function approach [J]. J. Econ. Geogr. , 2010, 10 (2): 231 - 255.

[77] ROMER P M, GRILICHES Z. Implementing a National Technology Strategy with Self - Organizing Industry Investment Boards [J]. Brookings Papers on Economic Activity. Microeconomics, 1993 (2): 345 - 399.

[78] ROMER P M. Increasing Returns and Long - Run Growth [J]. Journal of Political Economy, 1986, 94 (5): 1002 - 1037.

[79] ROMER P M. Endogenous technological change [J]. Journal of Political Economy, 1990, 98 (5): S71 - 102.

[80] SOLOW R M. A contribution to the theory of economic growth [J]. The quarterly journal of economics, 1956, 70 (1): 65 - 94.

[81] SOLOW R M. Technical change and the aggregate production function [J]. The review of Economics and Statistics, 1957, 39 (3): 312 - 320.

[82] STOKEY N L. Human capital, product quality, and growth [J]. Quarterly Journal of Economics, 1991, 106 (2): 587 - 616.

[83] SWAN T W. ECONOMIC GROWTH and CAPITAL ACCUMULATION [J]. Economic Record, 1956, 32 (2): 334 - 361.

[84] Trajtenberg M. Economic Analysis of product innovation [M]. Cambridge: Cambridge University Press, 1990.

[85] Uzawa H. Optimum Technical Change in An Aggregative Model of Economic Growth [J]. International Economic Review, 1965, 6 (1): 18 - 31.

[86] Vasudeva Murthy N R, CHIEN I S. The empirics of economic growth for OECD countries: Some new findings [J]. Economics Letters, 1997, 55 (3): 425 - 429.

[87] WAKELIN K. Productivity growth and R&D expenditure in UK manufacturing firms [J]. Research Policy, 2001, 30 (7): 1079 - 1090.

[88] Zachariadis M. R&D - induced Growth in the OECD? [J]. Review of Development Economics, 2004, 8 (3): 423 - 439.